Beate Helm

Psychologische Astrologie

Ausbildung Band 16

Wassermann - Uranus

Über den Wolken – Freiheitsdrang – Ausbruch
– Distanz – Chaos – Freunde

Satya-Verlag

Titelbild: Christos Georghion (fotolia.com)
Horoskopzeichnungen erstellt mit dem Programm Astrocontact Astroplus (www.astrocontact.at)

Haftungsausschluss

Die Benutzung dieses Buches und die Umsetzung der darin enthaltenen Informationen erfolgt ausdrücklich auf eigenes Risiko. Der Verlag und die Autorin können für Schäden jeder Art, die sich bei der Anwendung der in diesem Buch aufgeführten Informationen, Empfehlungen und Übungen ergeben, aus keinem Rechtsgrund eine Haftung übernehmen. Haftungsansprüche, Rechts- und Schadenersatzansprüche sind daher ausgeschlossen. Für die Inhalte von den in diesem Buch abgedruckten Internetseiten sind ausschließlich deren Betreiber verantwortlich. Verlag und Autorin distanzieren sich daher von allen fremden Inhalten. Zum Zeitpunkt der Verwendung waren keinerlei illegalen Inhalte auf den Webseiten vorhanden.

ISBN: 3-944013-43-3
ISBN-13: 978-3-944013-43-5

WICHTIGE HINWEISE

Die in dieser Buchreihe aufgeführten Methoden, Therapien und Übungen dienen der Persönlichkeitsentwicklung und Selbstheilung. Sie unterstützen darin, Bewusstheit in sein Leben zu bringen und eigenständig seine inneren Potenziale umzusetzen.

Mit der Heilung oder Linderung körperlicher Beschwerden und psychischer Erkrankungen können diese Methoden und Übungen nicht in Zusammenhang gebracht werden. Wenn in dem vorliegenden Buch in der Medizin gebräuchliche Begriffe wie Heilung, Therapie oder Diagnose verwendet werden, so ist dies nicht im Sinne der Schulmedizin und des Heilpraktikergesetzes, sondern im auf den seelisch-geistigen Bereich übertragenen Sinn zu verstehen.

INHALTSVERZEICHNIS

DANK

Mein Dank gilt in der Astrologie sehr vielen Autoren, die mich in den letzten 30 Jahren inspiriert haben. Eingestiegen bin ich mit Wolfgang Döbereiner. Am meisten beeinflusst hat mich immer wieder Peter Orban. Besonders danke ich meinen Eltern Karl und Irene und meinen Geschwistern Uwe und Claudia, die auf meinem sehr unkonventionellen Lebensweg immer fest an meiner Seite standen.

1. ZUORDNUNGEN UND VERWIRKLICHUNGSFELDER

Grundeigenschaften

- Spontaner Ausbruch aus zu engen Strukturen
- Freiheitsdrang und Distanz
- Gleichberechtigung unter seinen Persönlichkeits-
  anteilen
- Teamgeist und Gemeinschaftssinn

Aktive Form

- Rebellion
- Bruch mit der Vergangenheit
- Abkehr von Norm und Konvention
- Chaos
- Experimente
- Zukunftsvisionen
- Unabhängigkeit
- Gemeinschaft in Gleichheit und Gerechtigkeit
- Aufheben von Polaritäten
- Unverbindlichkeit
- Progressives Denken und Handeln
- Plötzlichkeit, Spontaneität
- Abwechslung
- Spannung, Aufregung
- Ventile finden für den unkonventionellen Freigeist
  in sich
- Ver-rücktheit
- Freunde

- Abstand zu den persönlichen Bedürfnissen
- Emanzipation
- Gleichberechtigung
- Sich nicht identifizieren
- Neue Lebensmodellversuche
- Sprung ins Unbekannte
- Arbeitsteilung, Teamarbeit
- Neueste Technik
- Erfindungen
- Fliegen
- Dauerdistanz als Übergangsphase, solange noch Freiheitsverlust von außen möglich ist, da man sich selbst noch nicht von alten Ängsten, Verhaltens- und Reaktionsmustern, Vorstellungen und Selbstbildern befreit hat und dieses von außen gespiegelt bekommt
- Durchschneiden von zu fixen Bindungen (Gegenspieler von Pluto)
- Befreiung von Wertungen, Aufhebung der Gegensätze
- Niederreißen der Mauern im Bewusstsein durch das Einnehmen der Position des inneren, unbeteiligten Zeugen, d.h. Dis-Identifikation mit dem Ego und Erweiterung seiner Grenzen, also dessen, was man meint, zu sein.

Passive Form

- Unfälle
- Von außen herangetragene Scheidungen
- Fremdgehen
- Explosionen
- Kündigungen
- Lärm

- Unruhe, Unterbrechungen
- Bersten, Platzen
- Nervosität
- Knochenbrüche
- Erdbeben
- Übermaß an Stress
- Nervenzusammenbruch
- Vom Blitz getroffen werden konkret und im übertragenen Sinne)
- Elektroschlag bekommen
- Treppe hinunterfallen, vom Balkon springen (passives Ausgleichen eines Höhenunterschiedes, von Polaritäten; Spannungsabbau).

Entsprechungen in der körperlichen Erscheinung

- Hippelig, nervös
- Sehr schlank
- Nicht sehr mit der Körperlichkeit verhaftet
- Auf einem Wölkchen sitzend
- Ungewöhnliche Erscheinung
- Punk
- Skandalös, fernab jeder Norm
- Unmögliche Farb- und Stilkombinationen
- Durchgeistigt.

Körperliche Zuordnungen

- Nervensystem
- Unterschenkel.

Krankheitsdispositionen

- Nervenerkrankungen
- Knochenbrüche
- Schubweise Erkrankungen
- Erkrankungen und Verletzungen des Unterschenkels
- Gelenkverrenkungen und -auskugelungen (Luxationen), Zerrungen
- Fußumknicken
- Bänderriss
- Unfälle
- Flugunfälle
- Lärmschäden
- Stressfolgen
- Hypermotorik
- Nervosität
- Hernien
- Epilepsie.

Empfehlenswerte Therapieformen

- Gruppentherapie
- Therapien mit Einsatz von Elektrizität
- Völlig unkonventionelle Therapieformen,
- Therapien im Zusammenhang mit neuester Technik
- Eurhythmie.

Zuordnungen aus der Natur und Naturheilkunde

Farbe:
Blau

Ätherische Öle
- Pfefferminze
- Bergamotte

Blütenessenzen
- Scleranthus
- Wild Oat.
- Mallow
- Quaking Grass
- Sweet Pea
- Violet.

Metall
- Zink
- Uranium

Edelsteine
- Azurit
- Blauer Saphir

Chakra
Stirnchakra (3. Auge)

Atemübungen

Ins Steißbein einatmen und den Atem die Wirbelsäule entlang nach oben ziehen bis zum Kronenchakra (Scheitelmitte), die Luft anhalten, und dann durch das Kronenchakra ausatmen (= Entfachen der Kundalinikraft).
Blaues Licht ins Stirnchakra einatmen, eine leichte Kühle dort wahrnehmen, und immer mehr den Abstand spüren.

Körperübung und Meditation

- Kundalini-Meditation (Körpermeditation, CD mit Musik und Anleitung ist im Handel erhältlich)
- Arbeit mit dem Stirnchakra.

Kunsttherapie

- Tanztherapie: Techno, völlig chaotische, ungeordnete, spontane Körperbewegungen.

- Musiktherapie: Synthesizer-Musik; chaotische, unregelmäßige, unmelodiöse Musik; Jazz; Improvisationen.

- Biblio- und Poesietherapie: Science-fiction, Naturwissenschaften, futuristische Literatur; Aufruf zu Revolution und Ausbruch, zum Bruch mit der Gesellschaftsnorm; Sensationspresse; Die Möwe Jonathan.

- Filmtherapie: Science-fiction, wissenschaftliche Sendungen mit den neuesten Erkenntnissen, neuesten Energieformen und ihre Nutzung; sehr spannungsgeladene Filme. Alles, was mit neuester Technik, Netzwerken und dem Internet zu tun hat.

Projektionsflächen/Möglichkeiten zum symbolischen Ausleben

- Fliegerei, Pilot, Flugbegleiter
- Gruppen, Gemeinschaften, Freunde
- Revolutionen

- Gewerkschaften
- Kommunismus
- Weltraum, Astronaut, Raketen
- Elektrizität, Strom
- Skandale, Homo- und Bisexualität, Dreiecksverhältnisse, Seitensprünge
- Auf einem hohen Berg stehen, den Abstand, die Distanz fühlen
- Frische Luft; Durchlüften
- Fallschirmspringen, vom 5m-Brett springen
- Haare abschneiden
- Umzug
- Kontakte abbrechen
- Beziehungen spontan beenden
- Kündigen.

Grundangst

- Eingesperrt zu werden
- Zu ersticken
- Emotional vereinnahmt zu werden
- Seine Freiheit zu verlieren
- In feste Regeln und Normen eingepresst zu werden.

Abwehrmechanismen

- Freiheitsbestrebungen als unreif und pubertär zu bezeichnen.
- Ausbrüche als Unzuverlässigkeit und Verantwortungslosigkeit auslegen.
- Menschen, die von der Norm abweichen, als verrückt und gesellschaftlich unbrauchbar aburteilen.
- Fähigkeit zu Distanz als ein Mangel an

Einlassvermögen darstellen.

9. Lösung

= Grundförderung des Prinzips

- Seine eigenen Ketten erkennen (alte Vorstellungen, Selbstbilder, Bewusstseinsgrenzen) und sich selbst davon befreien.
- Sich Freunde und eine seiner Persönlichkeit entsprechende Gemeinschaft suchen.
- In seinem Uranusbereich neue Wege gehen und sich einen sehr großen Freiraum herausnehmen.
- Projektionen der Freiheitseinschränkungen erfassen und die Blockaden in sich selbst finden.
- Sich Aufregung, Spannung und Abwechslung in seinem Uranusbereich verschaffen.

DIE VERWIRKLICHUNGSFELDER

1. Freundeskreis und Gemeinschaften

Welchen Gemeinschaften fühle ich mich zugehörig; welche Art von Menschen wünsche ich mir als Freunde?

2. Distanz, Verrücktsein und Freiheit

Auf welchen Gebieten ist es als Ventil für innere Spannungen für mich wichtig, verrückt und unkonventionell zu sein? Wo brauche ich ein hohes Maß an Unabhängigkeit und Abstand?

3. Art des Ausbruchs

Auf welche Art und Weise breche ich mit alten Strukturen, die mein Leben nicht mehr bereichern, sondern hemmen? Wie verhalte ich mich, um meine Freiheit wieder zurück zu gewinnen?

4. Zukunftsvisionen und neue Lebensmodelle

Wo kann ich gut Visionen für eine neue Zukunft entwickeln? In welchen Bereichen muss ich neue Lebensmodelle finden und wie könnten diese aussehen?

5. Lieblingsprojektionen

Welche Seiten dieser Konstellation sehe ich nicht so gerne und projiziere sie lieber nach außen? Wie stellt sich die passive Manifestation, auch auf körperlicher Ebene, dar?

2. DIE 12 URANUS-KONSTELLATIONEN

1. URANUS – MARS

Tierkreiszeichen Wassermann im 1. Haus / TKZ Widder im 11. Haus
Uranus im Widder   (Mars im Wassermann)
Uranus im 1. Haus (Mars im 11. Haus)
Aspekte zwischen Mars und Uranus
Aspekte zwischen Uranus und AC

Essenz

Freiheit, Distanz und Verrücktheit in der Sexualität, bei seinen Aktivitäten und Initiativen.

Grundspannung

Körperlichkeit --- Geist
Aktivität, Tatkraft --- Abgehobenheit, Visionen

Lösung

Einsatz von Tatkraft und Kampfgeist, um seine Freiheit zu erlangen.
Nutzung der unkonventionellen Lebensart, des Erfindergeistes und seiner Gemeinschaft, um sich zu behaupten und durchzusetzen.

Selbstbild

Ich verstehe es, zu kämpfen und meine Interessen durchzufechten und verfüge über Mut und Tatkraft, daher kann ich aus veralteten Strukturen ausbrechen und meine Freiheit erlangen.

1. Freundeskreis und Gemeinschaften

Sport und Aktivität / die kämpferischen Vorreiter

Die Uranus/Mars-Persönlichkeit braucht Freunde, die wie sie voller Dynamik und Kampfgeist sind, die ständig damit befasst sind, eine neue Aktivität zu starten oder Unternehmungen aus dem Boden zu stampfen. Am besten verfügt man über ein gemeinsames Feindbild, seien dies nun Personen, andere Gruppierungen oder gesellschaftliche Umstände, gegen die man aufbegehren möchte. Dies schweißt zusammen und aktiviert die Kampfeskraft. Desgleichen könnte sie sich mit Menschen zusammenschließen, um sportliche oder auch sexuelle Aktivitäten gemeinsam in Angriff zu nehmen (Gruppensex, Sportverein).

Freunde oder die auserwählte Gruppe, der sie sich zugehörig fühlt, müssen ihre impulsive und direkte Art fördern, schätzen und brauchen, damit sie sich darin wohl fühlen kann. Sie will sich einbringen, voller Agilität engagieren und benötigt die Perspektive, dass körperliche Tätigkeiten oder häufige Herausforderungen an der Tagesordnung sind. Der sich routinemäßig am Mittwochabend treffende Skatclub wird hier nicht befriedigen. Man will mit seinen Freunden an der Front einer neuen Sache stehen und/oder sich im körperlichen Bereich vollkommen verausgaben können.

Bester Freundschafts- und Gemeinschaftsdienst:

Aktivität und Initiativekraft einbringen, eine Sache starten und durchkämpfen (allerdings nur die Anfangsarbeit, keine Langfristigkeiten); zu körperlichen Betätigungen anregen; Dynamik, Mut, Risikobereitschaft zur Verfügung stellen.

2. Distanz, Verrücktheit und Freiheit

Sexualität und Initiativen

In dem Bedürfnis nach freier Sexualität gibt es drei Entwicklungsschritte zu unterscheiden: 1. man wählt mehrere Partner in dem Glauben, durch die Abwendung von der Monogamie echte Freiheit gewonnen zu haben. 2. man schafft innerhalb einer alleinigen sexuellen Beziehung Abwechslung und Spannung, um dem uranischen Anspruch gerecht zu werden, oder 3. man erreicht wirkliche Freiheit, indem man Selbstbeschränkungen, alte Ängste, Tabus und seine Kontrolle hinter sich lässt und dadurch frei wird für eine vollkommen spontane Sexualität, in der alle möglichen plötzlichen Anwandlungen an die Oberfläche gelangen und ohne Scheu gelebt werden können.

Die Befreiung findet von alten Erwartungshaltungen, fixen Vorstellungen und körperlichen Angstsperren statt. Ist dieser Punkt erreicht, wird keine bunte Mischung aus Geschlechtspartnern mehr gebraucht, sondern man ist in seiner sexuellen Verhaltens- und Reaktionsweise selbst bunt gemischt, das heißt spontan, vielseitig und experimentierfreudig. Auf dem Weg dahin wird man meist an uranischen Umsetzungen wie Homo- oder Bisexualität, die auch für immer gelebt werden können, oder dem klassischen Dreier nicht vorbeikommen.

Die Uranus/Mars-Persönlichkeit versteht es, Abstand zu ihrer Körperlichkeit und ihren triebhaften Begierden herzustellen, und will sich frei von sexueller Gebundenheit wissen. Wenn schon Treue, dann kann sie hier nur auf absoluter Freiheit und Freiwilligkeit beruhen.

Braucht sie ein Ventil für inneren Überdruck, zur Verhinderung einer inneren oder äußeren Explosion sollte sie sich in Sport, Sex oder eine Neubegründung stürzen.

3. Art des Ausbruchs

Der impulsive Dickkopf

Die Uranus/Mars-Persönlichkeit denkt nicht nach, plant nicht, hat kein Augenmerk auf mögliche Konsequenzen, wenn sie mit ihrem bisherigen Lebens bricht. Sie stürzt sich mit dem Kopf voran in ein völlig unbekanntes Abenteuer, hat den Mut, den Sprung ins Ungewisse zu wagen, ohne Schranken und Sicherheiten.

Sie hat in erster Linie ihre Bedürfnisse im Sinn, spürt die Enge, die Einschnürung und schreitet zur Tat. Dabei ist ihr keine Gefahr zu groß, keine Hürde zu hoch, kein Nervenkitzel aufregend genug. Ihr Ausbruch ist plötzlich und kämpferisch. Im Notfall schreckt sie auch vor einer Bluttat oder Schlägerei nicht zurück. Am liebsten ist es ihr, wenn eine neue Aktivität, eine Pionierarbeit mit ihrem Ausbruch aus der Gewohnheit und Gewöhnlichkeit einhergeht und sie dabei als erste durchs Ziel laufen kann.

4. Zukunftsvisionen und neue Lebensmodelle

Radikale Revolution / reale sexuelle Befreiung

Gemäß den Vorstellungen der Uranus/Mars-Persönlichkeit kann eine gerechtere Welt nur mit Hilfe von Kampf, energischem Durchgreifen und mutiger Initiativekraft geschaffen werden. Wenn alle Stricke reißen, ist sie sogar zu einer blutigen, gewaltsamen Revolution bereit.

Sie wünscht sich eine Gesellschaft, in der jeder aktiv und dynamisch ist und sich vor allem um seine körperlichen, sportlichen und sexuellen Belange kümmert. Ihr Mensch der Zukunft ist fit, energiegeladen und immer in Bewegung. Er ficht seinen Lebenskampf aus und bringt vor allem seinen Wagemut, sein Temperament und seine Fähigkeit zu riskanten Neuanfängen in die Gemeinschaft ein, die dadurch ständig erneuert wird. Jeder soll das gleiche Recht und die gleiche Möglichkeiten haben, seine Interessen durchzusetzen.

Die angeblich schon stattgefundene sexuelle Revolution will er gerne tatsächlich verwirklicht sehen durch die Befreiung von alten Ängsten, fixen Vorstellungen, Unsicherheiten und Schamgefühlen.

5. Lieblingsprojektionen

Freunde, die aggressiv, brutal und zu dickköpfig sind; hochexplosive Menschen, die wegen jeder Kleinigkeit in die Luft gehen; Menschen mit höchst unkonventionellen sexuellen Methoden; Gruppensex.

Auf körperlicher Ebene als Zeichen der passiven Manifestation:
Nervenentzündungen; Sehnenscheidenentzündung; Entzündungen und blutige Verletzungen im Bereich des Unterschenkels; Erkrankungen im Kopfbereich oder der Galle aufgrund von Ausbruchs- und Befreiungsschwierigkeiten.

Konkrete Förderungen der Uranus-Mars-Persönlichkeit

- Sich energiegeladene, tatkräftige Freunde suchen und selbst diese Kräfte in eine Gemeinschaft und seinen Freundeskreis einbringen

- Sportliche und/oder sexuelle Gemeinschaftsaktionen

- Distanz zu ihren körperlichen Begierden

- Im Team neue Initiativen starten und/oder eine Sache durchkämpfen

- Abwechslung in ihr Sexualleben einbringen und dadurch die Spannung aufrechterhalten; kein Routinesex

- Sexuell sich von alten Ängsten und Schamgefühlen, von ihrer Kontrolle befreien und dadurch ihre plötzlichen, spontanen Gelüste frei leben können

- Ihre Verrücktheit durch Sport und Sex spüren und entfalten

- Impulsiv und ohne Rücksicht auf Verluste aus den gewohnten Bahnen ausbrechen und ihrem Freiheitsdrang folgen

- Sich das Bedürfnis nach blutiger Revolution eingestehen und einen Kanal dafür finden (Phantasie, Kunst, harte körperliche Arbeit, Diskussionen im Freundeskreis)

- Als Ventil bei höchster innerer Spannung und

Explosionsgefahr: Sport, Sex, andere körperliche Betätigung, Neustart.

ÜBUNGEN A

1. In welchen Bereichen zeigt sich die Uranus/Mars-Persönlichkeit als Freiheitsextremist?

2. Welche Art von Freunden und Gemeinschaften würden Sie bei folgenden Konstellationen empfehlen:
a. Uranus im Widder im 3. Haus?
b. Uranus im Widder in Opposition zur Venus in der Waage?
c. Uranus im Krebs im 1. Haus?
d. Mars im Stier im Quadrat zum Uranus im Löwen?

2. URANUS - STIER-VENUS

Tierkreiszeichen Wassermann im 2. Haus / Tierkreiszeichen Stier im 11. Haus
Uranus im Stier (Venus im Wassermann)
Uranus im 2. Haus (Venus im 11. Haus)
Aspekte zwischen Venus und Uranus

Essenz

Freiheit, Distanz und Verrücktheit mit Hilfe von Sicherheit, Besitz und Abgrenzungsvermögen.

Grundspannung

Sicherheit, Routine, Gewohnheit --- Ausbruch, Sprunghaftigkeit, Unberechenbarkeit, Unabhängigkeit.
Materielle Ebene, Erde --- Luft, Wolken, Geist.

Lösung

Einsatz von Besitz und Eigentum, um sich seine Freiheit zu erkaufen, sie auf eine materielle Basis zu begründen. Unabhängigkeit, Distanz, Teamfähigkeit und Geistesblitze als Grundstock für sein Sicherheitsgefühl, seine Finanzen, Genuss und Abgrenzung erkennen und nutzen.

Selbstbild

Ich habe mir materiellen Besitz und Sicherheit erworben

und kann mich abgrenzen, daher bin ich frei und kann meinen Spontaneitäten frönen.

1. Freundeskreis und Gemeinschaften

Reichtum und Sinnlichkeit

Die Uranus/Venus-Persönlichkeit braucht einen stabilen, sicheren Freundeskreis, auf den sie immer zurückgreifen kann. Sie möchte mit ihm in den Genüssen des Lebens aufgehen und sich jeder Art an sinnlichen Freuden hingeben. Eine weitere Festigung betrachtet sie darin, gemeinsam oder jeder einzeln über Reichtum zu verfügen.

Gemeinschaften, denen sie sich anschließt, können mit dem Erwerb oder der Veräußerung von Werten in Verbindung stehen oder man tut sich zusammen, um nach außen Grenzen zu ziehen und im Verband ein höheres Maß an Sicherheit zu empfinden, als man es als Einzelner erreichen kann. Freunde oder die Zugehörigkeit in einer Gruppe gewähren der Uranus/Venus-Persönlichkeit ein starkes Gefühl von Schutz und Sicherheit. Sie kann dazu tendieren, sie als ihren Besitz zu betrachten.

Bester Freundschafts- und Gemeinschaftsdienst: Geld und Besitz zur Verfügung stellen, das Revier abgrenzen und schützen; Genuss und Sinnlichkeit aktivieren; eine sichere Linie hineinbringen; Eigentum und Werte schaffen.

2. Distanz, Verrücktsein und Freiheit

Finanzen und Genuss

Die Uranus/Venus-Persönlichkeit findet leicht Abstand zur materiellen Welt und den üblichen

Sicherheitsvorkehrungen. Ihr Umgang mit Geld ist ungewöhnlich und unberechenbar. Sie führt sicherlich kein arti-
ges Postsparbuch noch eignet sie sich Wertpapiere an, die
10 Jahre festliegen. Sie braucht freien bis chaotischen Umgang mit ihren Finanzen, baut aber gleichzeitig ihre Möglichkeit zu einem unabhängigen Leben auf ihren ihrem Eigentum auf. Freiheit und jederzeit ausbrechen zu können,
nehmen in ihrem Wertesystem den höchsten Rang ein.

Sie kann ihre verrückte Seite am leichtesten leben, wenn
ihre Finanzwelt abgesichert ist und sie ihr Revier klar ab-
gesteckt und nach außen abgegrenzt hat. Sie braucht einen
uneinsichtigen Garten und das unvermeidliche Eigenheim,
um ihre Spontaneität und ihre abgedrehten Wesensanteile
voll zum Ausdruck bringen zu können.

Ventil für inneren Überdruck stellen emsiges Geldzäh-
len, Erwerb oder Verkauf von Eigentum oder die Hingabe
an ihre sinnlichen Bedürfnisse dar, bei denen sie sich in
gleicher Weise von der Masse abheben und ihrer Eigenwilligkeit folgen möchte.

3. Art des Ausbruchs

Überlegt und vorsorglich

Die Uranus/Venus-Persönlichkeit lässt nicht ohne klare
Überlegung und die Beachtung der materiellen Konsequenzen ihr gewohntes Leben hinter sich. Sie hält an ihren Sicherheiten und errungenen Besitztümern fest und es muss
schon eine starke innere Spannung bestehen, bis sie auf
Kosten ihres Sicherheitsbestrebens ihrem Freiheitsdrang
den Vortritt lässt. Es ist ein längeres Tauziehen zwischen
diesen beiden Polen zu erwarten, bis sie sich zu einem gut
abgewogenen Sprung ins sorgsam auf Temperatur gemes-
sene kalte Wasser durchringt, ohne zu vergessen, doch

noch kleinere Vorräte aus der alten Welt in einem Säckchen bei sich zu tragen.

Aufgrund der Tendenz des Festhaltens besteht hier besonders die Gefahr, von außen aus seinen sicheren Angeln gehoben und in ein neues Leben geworfen zu werden. Wird das Sicherheitsnetz nicht völlig abgespannt und es besteht noch Kontakt zur vertrauten Erde, können kleinere Ausbrüche jedoch auch Lust und Genuss bereiten. Letztendlich gilt es hier zu lernen, dass Ausbruchsfähigkeit und die daraus resultierende Freiheit Grundstock für ein reales Sicherheitsempfinden für diese Persönlichkeit darstellen.

4. Zukunftsvisionen und neue Lebensmodelle

Eine reiche, satte Gesellschaft

Hier wird eine Welt in der Zukunft gewünscht, in der jeder gleiches Recht auf Wohlstand und Reichtum hat, da jeder die Möglichkeit hat, seine Ressourcen zu entwickeln und in Geld umzumünzen. Es steht jedem ein genussvolles Leben in vollkommener Sattheit zu.

Gleichzeitig wird ein Bruch mit dem jetzigen Wertesystem angestrebt und erfahrbar gemacht, dass Sicherheit real auf der Inbesitznahme seines Wesens mit all seinen verschiedensten Seelenanteilen fußt, die einem keiner mehr nehmen kann, da sie der inneren Entwicklung entspringen und nun "nur" noch in materielle Güter umgesetzt werden müssen.

Freiheit durch Besitz und gleichzeitig die Befreiung vom reinen Festklammern an der Materie ist die Kombination, die hier für die Zukunft angestrebt werden könnte.

Auch eine noch wesentlich größere weltweite Zusammenarbeit im Wirtschaftsleben, mehr Gerechtigkeit in der Verteilung von Geldern, besonders im Nord-Süd-Gefälle könnte eine Vision bei dieser Konstellation darstellen.

5. Lieblingsprojektionen

Leute ohne jeden Bezug zu Geld und Sicherheit; Konkurs; Freunde, die nur Geld und ihre Rente im Kopf haben; Kommunismus.

Auf körperlicher Ebene als Zeichen der passiven Manifestation:
Nervenerkrankungen im Bereich des Halses. Erkrankungen des Unterschenkels oder Nervensystems aufgrund von Schwierigkeiten mit Geld/Sicherheit und dem freiheitlichen Umgang damit bzw. einem Ausbruch daraus; Schiefhals; HWS-Schleudertrauma.

Konkrete Förderungen der Uranus/Stier-Venus-Persönlichkeit

- Sich einen sicheren Freundeskreis aufbauen (=selbst als sicherer, zuverlässiger Freund auftreten)

- In der Gemeinschaft und im Freundeskreis sehr sinnliche Unternehmungen starten

- Sich mit Hilfe des Freundeskreises sicher fühlen und abgrenzen

- Sich im Kreise sehr sinnlicher, genussfreudiger und auch reicher Menschen als seine Gemeinschaft zugehörig fühlen

- Sich nicht mit ihrem Besitz und Eigentum identifizieren, ihn aber dennoch als Basis für ihre Freiheit erkennen und einsetzen

- Ihre Ausbrüche planen und auch finanziell durchdenken

- Freiheit und Möglichkeit zu Spontaneität als ihren höchsten Wert erkennen

- Sich viel Freiraum und Unberechenbarkeit im Umgang mit Finanzen gewähren

- Sich für eine gerechtere Verteilung von Geld und Reichtum auf der Welt engagieren.

ÜBUNGEN B

1. Wie sollte eine Uranus/Venus-Persönlichkeit am besten einen Ausbruch in Angriff nehmen?
2. Was benötigt sie, um in Kontakt mit ihrer verrückten Seite zu gelangen?
3. Welche Art von Gemeinschaft und Freunden wäre bei den folgenden Konstellationen entsprechend:
a. Uranus im Stier im 4. Haus?
b. Uranus im Stier im 10. Haus im Quadrat zum Mond im Löwen?
c. Uranus in Konjunktion zu Jupiter in den Zwillingen im 2. Haus?

3. URANUS - ZWILLINGE-MERKUR

Tierkreiszeichen Wassermann im 3. Haus / TKZ Zwillinge
im 11. Haus
Uranus in den Zwillingen (Merkur im Wassermann)
Uranus im 3. Haus (Merkur im 11. Haus)
Aspekte zwischen Merkur und Uranus

Essenz

Freiheit, Distanz und Verrücktheit im Denken und sprachlichen Ausdruck, durch Wissen und Austausch.

Grundspannung

Nackte Informationen, auswendig gelerntes Wissen ---
Geistesblitze, Erfindungen, Eingebungen, Freiheitsdrang.
Orientierung an der näheren Umgebung --- Orientierung
an der Gemeinschaft, einem überpersönlichen Rahmen.

Lösung

Nutzung des Wissensstandes und der sprachlichen Fähigkeiten für seine Befreiung, Unabhängigkeit, Distanz, um
einen Freundeskreis aufzubauen und für gemeinschaftliche
Ziele.
Unterstützung durch Freunde und Gemeinschaftssinn, sein
unkonventionelles Denken und Reden, um eine eigene
Meinung zu bilden und sich Wissen anzueignen.

Selbstbild

Ich bin gut informiert und in der Lage, mein Wissen und
meine Meinung in Wort und Schrift zum Ausdruck zu bringen, daher kann ich frei und unkonventionell mein Leben
führen.

1. Freundeskreis und Gemeinschaften

Interessante Gesprächspartner

Die Uranus/Merkur-Persönlichkeit braucht Freunde und
Bekannte, mit denen sie auf allen Ebenen in vielseitiger
Weise ständig kommunizieren kann. Sie selbst zeigt sich
sehr neugierig und wissensdurstig, aber auch bestens informiert und voller Drang, ihr Wissen von sich geben zu können.

Ihre Freunde müssen geistig sehr beweglich und versiert
sein, müssen über eine gewisse Leichtigkeit verfügen, so
dass man sich auch zwei Stunden unterhalten kann, ohne
deshalb in die tiefsten Tiefen hinabsteigen und größte Probleme wälzen zu müssen. Stattdessen werden die weit-
schweifigsten, abstrusesten, rebellischsten Gedankengänge
von vorne bis hinten und wieder zurück durchdiskutiert
fernab jeden Realitätssinns und jeder Intensität.

Freunde und die gewählte Gemeinschaft müssen mit der
Aufnahme und Weitergabe von Fakten und Wissen zu tun
haben, müssen die Möglichkeit bieten, Visionen und (geistige) Kampfparolen für mehr Gerechtigkeit und Gleichheit
in Gesprächen und jeder anderen Form der Kommunikation
zum Ausdruck zu bringen.

Bester Freundschafts- und Gemeinschaftsdienst: Informationen und Fakten liefern; Kommunikation in Gang
bringen und aufrechterhalten; die Gemeinschaft in Wort

und Schrift nach außen darstellen; Objektivität und Leichtigkeit einbringen; die Gemeinschaft beweglich und in ständigem Austausch halten.

2. Distanz, Verrücktsein und Freiheit

Freie Meinung / die Gedanken sind frei

Die Uranus/Merkur-Persönlichkeit zeigt sich in Gesprächen äußerst einfallsreich, originell und unberechenbar. Sie braucht Abstand zu ihrem Denken und innerhalb von Unterhaltungen und steigert sich daher nicht hinein, noch lässt sie sich auf zu emotional gefärbte Gespräche ein, sieht sich eher abgehoben und vermeidet jede Gefahr, sich mit dem, was sie denkt und von sich gibt, zu identifizieren.

Gedanken und die Art, sich sprachlich nach außen hin zu zeigen, mobilisieren die verrückte Seite dieser Persönlichkeit. Sie gelangt in Kontakt mit dem chaotischen, aber auch sehr erfinderischen Wesen in ihrem Inneren, das weit über das verbreitete, übliche Denken hinausspringen kann.

Die Uranus/Merkur-Persönlichkeit will absolut frei sein von den üblichen Erwartungshaltungen, was das Knüpfen von Kontakten und die Selbstdarstellung in Gesprächen anbelangt. Es ist klar, dass sie sich dafür als erstes selbst von dem Druck artiger Floskeln und small-talks freisprechen muss. Sie verschafft sich auch ein hohes Maß an Unabhängigkeit durch ihren Wissenstand und ihre verbalen Fähigkeiten.

Ventil bei innerem Überdruck, bei dem Gefühl, jederzeit platzen und explodieren zu können, stellen daher Redeschwälle in schriftlicher, telefonischer oder anderweitig mündlicher Form, ausgiebiges Surfen im Internet oder das Verfassen von e-books dar.

3. Art des Ausbruchs

Der geistige Weg

Dem Bedürfnis, aus zu einschneidenden Strukturen auszubrechen, müssen hier nicht unbedingt sogleich Taten folgen. Der Ausbruch findet auch gerne durch entsprechende
große Reden, Bücher, Artikel und Unterhaltungen statt, in
denen man zu mehr Freiheit für sich und andere aufruft.

Die Art, zu sprechen und sein Denken in Worte zu fassen, seine ganz eigenwilligen Formulierungen demonstrieren schon, dass sich hier ein Freigeist, eine schwerlich ein-
ordenbare, die gewöhnlichen Grenzen sprengende Persönlichkeit präsentiert. Sie möchte in erster Linie eingeschlif-
fene Denkweisen wieder durchbrechen und Raum schaffen
für progressiveres Gedankengut.

Die Uranus/Merkur-Persönlichkeit begehrt auf durch
revolutionäres Denken. Wenn sie mit ihrem bisherigen Leben brechen will, braucht sie als Vorbereitung die Möglichkeit, sich mit vielen Menschen auszutauschen und über die
vorgesehenen Veränderungen zu reden.

4. Zukunftsvisionen und neue Lebensmodelle

Weltweite Verständigung und Kommunikation

Man erhofft sich eine geistige Erweiterung durch ausrei-
chend Wissen für alle, wünscht sich gleiche Rechte, sich
auszudrücken und zu Wort zu kommen, für alle Bevölke-
rungsschichten und -gruppierungen.

Der enge Bezug zur Technik zeigt sich hier durch die
Vision noch stärkerer Verknüpfung im kommunikativen
Bereich und im Handel, bestes Beispiel Internet. Man be-
trachtet in dieser gewaltigen Möglichkeit des weltweiten

Austausches eine Methode zur geistigen Freiheit, da die verschiedensten Sichtweisen und Wissensbereiche ohne Schwierigkeiten für immer mehr Menschen greifbar und nutzbar gemacht werden können.

5. Lieblingsprojektionen

Geistig und verbal Ausgeflippte. Menschen, die nur noch mit ihrem Computer kommunizieren; Freaks oder lautstarke, lärmende Menschen als Nachbarn.

Auf körperlicher Ebene als Zeichen passiver Manifestation:
Stimmbruch außerhalb der Pubertät. Hyperventilation; nervöse Atembeschwerden. Schwierigkeiten mit Geist, Wissen und Sprache können zu Nervenerkrankungen besonders im Stimmapparat oder Atemtrakt oder zu Erkrankungen des Unterschenkels führen; Gehirnerschütterung; Bruch/Auskugelung von Arm/Hand.

Konkrete Förderungen für die Uranus/Zwillinge-Merkur-Persönlichkeit

- Ein großer Freundeskreis mit den unterschiedlichsten Leuten, mit denen man sich in erster Linie geistig verbunden fühlt und sehr gut kommunizieren kann

- Gemeinschaften, in denen Ansammlung, Austausch und Weitergabe von Wissen und Information im Vordergrund steht

- Beim Knüpfen von verbalen Kontakten und in ihrer sprachlichen Selbstdarstellung völlig aus dem Rahmen fallen und eigenwillige Wege gehen

- Auf ihre plötzlichen Gedankenblitze hören und sie als Basis für ihre Spontaneität und rebellischen Veränderungen erkennen

- Ihre Freiheit durch Wissen und Kommunikation erlangen und ausweiten

- Über die neuesten Kommunikationstechniken informiert sein

- Lern- und Lehrgemeinschaften

- Ihre Verrücktheit in Wort und Schrift kennenlernen und produzieren

- Mit Hilfe von Gesprächen und Schreiben ihre Ausbrüche vorbereiten und begleiten, viel Raum für Austausch in solchen Phasen schaffen.

ÜBUNGEN C

1. Welche Gemeinschaften eignen sich bei folgenden Konstellationen:
a. Uranus in den Zwillingen im Trigon zur Sonne in der Waage?
b. Uranus in den Zwillingen im 10. Haus?
c. Uranus in Konjunktion zu Neptun im 3. Haus?

2. Was ist für die Uranus/Merkur-Persönlichkeit wesentlich, um aus der Routine und Norm ihres Lebens ausbrechen zu können?

4. URANUS – MOND

Tierkreiszeichen Wassermann im 4. Haus / Tierkreiszeichen Krebs im 11. Haus
Uranus im Krebs (Mond im Wassermann)
Uranus im 4. Haus (Mond im 11. Haus)
Aspekte zwischen Mond und Uranus
Aspekte zwischen Uranus und IC

Essenz

Freiheit, Distanz und Verrücktheit im Umgang mit Gefühlen, Kindern, Familie und seiner Wohnsituation.

Grundspannung

Gefühl, Bedürfnis nach Innigkeit --- Flatterhaftigkeit, Abstand
Heim, Familie, Innenschau --- Freiheit, Freunde, Ausbruchstendenzen

Lösung

In einer starken Verbindung zu seinen inneren Seelenanteilen seine Befreiung erkennen
Seinen Freiraum und seine Ungebundenheit (von einer normalen Familie oder Gefühlsverbindung) nutzen, um sich um diesen Innenkontakt zu kümmern.
Emanzipation seiner weiblich-mütterlichen Seite

Selbstbild

Ich bin in enger Verbindung zu meinen Gefühlen und meinem Innenleben, daher kann ich Unabhängigkeit erreichen und finde meine Form von Gemeinschaft.

1. Freundeskreis und Gemeinschaften

Seelische Verbindungen

Die Uranus/Mond-Persönlichkeit wünscht sich eine gefühlsmäßige Verbundenheit mit ihren Freunden und auch einer Gemeinschaft, in der sie sich wohl fühlen kann. Freundschaften müssen ihr Geborgenheit vermitteln und eine zweite Heimat neben ihrer inneren bieten. Sie stellen ihre Form der Familie dar. Wärme, Verständnis und Empfindsamkeit sind wesentliche Werte, die sie in einer Gruppe sucht und auch einzubringen versteht.

Freundschaften nähren, erholen und entspannen sie. Auch wohnt sie gerne mit Freunden zusammen und hält ihr eigenes Heim offen für Unternehmungen und Treffen mit den Menschen, zu deren Gemeinschaft sie sich zugehörig fühlt. Entweder sie sorgt sich emotional und mit psychologischem Beistand um sie oder sie zeigt ihre Fürsorge ganz klassisch, indem sie sie bekocht oder zeitweise bei sich wohnen lässt.

Der Freundeskreis bildet hier eine wesentliche Grundlage für seelisches Wohlbefinden.

Bester Freundschafts- und Gemeinschaftsdienst: Verständnis, Fürsorge, Mütterlichkeit, Wärme, Geborgenheit, seelisches Zuhause; Räumlichkeiten zur Verfügung stellen; das Herz, die Seele der Gemeinschaft sein.

2. Distanz, Verrücktsein und Freiheit

Gefühlswelt und Familienangelegenheiten

Abstand zu ihren Gefühlen und emotionalen Bindungen ist unverzichtbar für die Uranus/Mond-Persönlichkeit. Sie fühlt sich schnell in ihrer Freiheit eingeschränkt, wenn man sie zu sehr binden, festketten und auf Ausschließlichkeit festlegen möchte. Dann können plötzliche Ausbrüche folgen, spontane Fluchtaktionen, um wieder Distanz zu gewinnen, sich zu spüren und sicher zu gehen, nicht vereinnahmt zu werden. Diese Angst ist jedoch nur solange vonnöten, wie die Gefahr einer Besetzung von außen besteht, d.h. solange man sich noch nicht vollkommen selbst in Besitz genommen und damit von Fremdbelagerungen befreit hat.

Es besteht in jedem Fall das Bedürfnis nach Abwechslung und Aufregung in den Gefühlsbeziehungen wie auch in ihrer Wohnsituation und dem Familienleben. Die Normbegebenheiten werden hier nur wenig befriedigen, sondern sich stickig und einengend anfühlen. Die Uranus/Mond-Persönlichkeit muss nicht nur ihre ganz eigenen Wege herausfinden, sondern auch Verbindung mit ihrer verrückten Seite aufnehmen und Buntheit einkehren lassen in das ansonsten vorgekaute Gefühls- und Familieneinerlei.

Dies betrifft auch die Kindererziehung, die Fürsorge (man versorgt mit Freiheit, frischem Wind und Abwechslung), die Art der Regeneration und auch der Wohnverhältnisse (mehrere Wohnungen, viele Umzüge o.a.).

Ventile für inneren Überdruck wären mit Kindern spielen, sich um das innere Kind kümmern, Essen, Schmusen, Zärtlichkeit austauschen, sich um Heim und Wohnung kümmern.

3. Art des Ausbruchs

Emotionsgeladen

Die Ausbrüche der Uranus/Mond-Persönlichkeit haben allesamt ihren Ursprung in ihrer Gefühlswelt. Sie agiert aus dem Bauch heraus, wenn sie alles liegen und stehen lässt und endlich wieder in einer völlig neuen Lebenssituation tief durchatmen und sich frei fühlen möchte. Letztendlich geht es hier um die Loseisung von emotionalen Bindungen, die lange überholt sind, von alten Reaktionsmustern noch aus Kindertagen, von konventionellen Erwartungshaltungen an die Mütterlichkeit und den Familienmenschen in dieser Person.

Es kann auch ein innerer Kampf stattfinden zwischen dem Wunsch nach Unabhängigkeit und dem Bedürfnis nach Geborgenheit. Beides zu vereinen ist eine große Aufgabe. Sie bedarf der Erkenntnis, dass die Geborgenheit hier darin besteht, sich nicht in eine gewöhnliche Mondsituation drängen zu lassen, sondern sich in der inneren Großfamilie findet, die schon alle Zeit zur Verfügung stand und nur darauf wartet, gesehen und in ihrem Chaos und ihrer Freundschaftlichkeit gelebt zu werden.

Auch die innere Gleichberechtigung zwischen allen Seiten, egal welche Farbe und Form sie zeigen, ist ein wichtiger Punkt, um aus alten Selbstbildern und Gefühlsverstrickungen heraus zu gelangen.

4. Zukunftsvisionen und neue Lebensmodelle

Die selbst gewählte Großfamilie

Eine Vision ist die Veränderung des Familienbildes. Die Blutsverwandtschaft stellt nicht mehr die einzige

Grundlage für eine familiäre Verbundenheit dar. Erstens wird die reale Familie mit mehr Abstand und Freundschaft betrachtet. Die Hierarchien zwischen Eltern und Kinder werden abgebaut und es entstehen gleichwertige Beziehungen.

Zweitens kann sich jeder entsprechend seiner Bedürfnisse, die er an eine Familie stellt, eine eigene Sippe zusammenstellen, in der er Liebe und Geborgenheit einbringt und erfährt. Unliebsame Besuche bei der ursprünglichen Verwandtschaft wie Tante Berta oder überlange übliche Eltern-/Kindbeziehungen werden überholt sein. Jeder soll das Recht und die Freiheit erhalten, sich das an Familienverband zu erschaffen, was exakt seiner Natur gleichkommt. Statt emotionaler Erstickung gegenseitige Hilfe im Erlangen von Unabhängigkeit sowie ein starkes Zusammengehörigkeitsgefühl, das echt ist, da die Familientruppe aus Gleichgesinnten besteht.

Weitere Visionen können neue Wohnmodelle betreffen, die über das gewohnte Wohnzimmer/Elternschlafzimmer/Kinderzimmer-Modell hinausgehen und nicht nur mehr Freiraum (jeder hat ein eigenes Zimmer neben Gruppenräumen), sondern auch eine weiter gefasste Art von Kindererziehung möglich machen.

Im Umgang mit Mutter Erde könnte man sich unbedingt der Hoffnung hingeben, schonender und liebevoller zu agieren, insbesondere weil man die inneren Bewusstseinsgrenzen aufgehoben hat und erkennt, dass es keinen realen Unterschied zwischen innen (Selbst) und außen (die anderen, die Natur) gibt.

5. Lieblingsprojektionen

Frauen, die die Kindererziehung mit anderen Müttern teilen oder sich andere Freiheiten herausnehmen, als Rabenmütter bezeichnen. Menschen, die sich gefühlsmäßig auf nichts einlassen, sondern immer mit vollem Abstand auf ihrem Wölkchen sitzen. Emotionale Kälte. Wohn- und Hausgemeinschaften.

Auf körperlicher Ebene als Zeichen der passiven Manifestation:
nervöse, stressbedingte Magenbeschwerden bis hin zu daraus folgenden Magengeschwüren. Erkrankungen der weiblichen Geschlechtsorgane oder der Brust als Folge von zu enger Einbindung ins konventionelle Familien- und Mutterdasein. Erkrankungen des Nervensystems oder im Unterschenkelbereich aufgrund emotionaler oder familiärer Schwierigkeiten. Fehlgeburt. Amenorrhoe. Magersucht/Bulimie.

Konkrete Förderungen der Uranus/Mond-Persönlichkeit

-   Sich einen sehr herzlichen, gefühlvollen Freundeskreis suchen

-   Freunde und eine Gemeinschaft, der sie sich zugehörig fühlt, als Quelle und Platz der Erholung, Entspannung und des emotionalen Beistandes haben

-   Keine gewöhnliche Familienstruktur

-   Abstand zu ihren Gefühlen

- Eine eigenwillige bis verrückte Familien- und Wohnsituation

- Sich nicht in die übliche Mutter-/Versorgerrolle klemmen lassen

- Sich eine eigene Vision von Familie und Gefühls-verbindungen machen

- Sich eine Familie nach eigenem Geschmack zu-sammenstellen

- Befreiung von familiären Verstrickungen durch systemische Familientherapie und Aufstellungen

- Eigene, unübliche Möglichkeiten zur Entspannung, zum Fließen mit den Rhythmen der Zeit und Natur entwickeln.

ÜBUNGEN D

1. Was ist elementar für den Freundeskreis einer Ura-nus/Mond-Persönlichkeit?

2. Welche Formen, um aus der Norm und zu festen Vor-stellungen auszubrechen, könnten Sie sich vorstellen:
a. Uranus im Krebs im 9. Haus?
b. Uranus im Krebs in Opposition zur Sonne im Steinbock?
c. Uranus in Konjunktion zu Jupiter im 4. Haus?

5. URANUS – SONNE

Tierkreiszeichen Wassermann im 5. Haus / Tierkreiszeichen Löwe im 11. Haus
Uranus im Löwen (Sonne im Wassermann)
Uranus im 5. Haus (Sonne im 11. Haus)
Aspekte zwischen Sonne und Uranus

Essenz

Freiheit, Distanz und Verrücktheit in und durch Selbstentfaltung und Kreativität.

Grundspannung

Selbstbezogenheit, Egozentrik, Ego --- Gemeinschaftsorientierung
Selbstentfaltung, aus sich schöpfen wollen --- überpersönliches Engagement, über den Wolken sein.

Lösung

Einsatz seiner Kreativität und einzigartigen Qualitäten, um sich Freiheit zu verschaffen, für überpersönliche Aufgaben und um ein spontanes Leben zu ermöglichen.
Erfindergeist und Originalität in seine persönlichen Werke einfließen lassen.

Selbstbild

Ich bin in Kontakt zu meiner Kreativität und habe meine besonderen Eigenschaften und Eigenständigkeit entwickelt, daher kann ich Unabhängigkeit erlangen und aus den Normen und Konventionen ausbrechen.

1. Freundeskreis und Gemeinschaften

Kunst und Eigenständigkeit

Die Freunde und Gemeinschaften der Uranus/Sonne-Persönlichkeit müssen sich durch ein hohes Maß an Selbständigkeit und Kreativität auszeichnen. Dies kann sich im Aufbau eines gemeinsamen Unternehmens oder in Aktivitäten im künstlerischen Bereich zeigen. Jeder sollte ein "Einzelstück" darstellen, der seinen individuellen Weg kennt und mit aller Selbstverständlichkeit und Souveränität beschreitet. So wie jeder seine königliche Seite einbringt, muss auch die gesamte Gruppe eine besondere Note tragen und aus den gleichmacherischen Gemeinschaften herausragen.

Die Uranus/Sonne-Persönlichkeit möchte sich und andere in ihrem Freundeskreis darin unterstützt wissen, das Beste, das Exquisite, das Einzigartige aus sich machen zu können. Dazu muss gemeinsam etwas geschaffen werden, in dem jeder als individuelles Licht noch erkenntlich ist, oder aber man gewährt sich gegenseitig optimale Hilfe in dem Bemühen, sein Selbst zu entfalten und in seiner Form der Schöpferkraft zu zeigen.

Bester Freundschafts- und Gemeinschaftsdienst: die Gruppe präsentieren und ins Licht der Aufmerksamkeit rücken; Produktivität, Kreativität, Schöpferkraft aktivieren; das ganz Besondere der Gemeinschaft herausstellen und zum Ausdruck bringen; Organisation, Management.

2. Distanz, Verrücktsein und Freiheit

Selbstverwirklichung und Produktivität

Die Uranus/Sonne-Persönlichkeit benötigt absolut freie Bahn für ihre Weise, das Leben zu managen und sich darin zur Herrscherin zu entwickeln. Ihr Ego baut sie auf ihrer spontanen, leicht exzentrischen Lebensart und ihrem Maß an Unabhängigkeit auf, ebenso ihr Selbstbewusstsein. Sie bricht alle Brücken ab, um eine neue Form ihres Wesens zum Ausdruck bringen zu können, um ihr Selbstbild zu erweitern und eine andere Bühne aufzutun, auf der sie sich produzieren und profilieren kann.

Ihr kreativer, vielleicht auch künstlerischer Selbstausdruck wie auch ihr Sexakt brauchen Schrankenlosigkeit, um vollkommen an die Oberfläche gelangen zu können. In beidem entdeckt sie ihre Verrücktheit, ihre chaotische Seite als Ursprung allen neuen Lebens. Setzt sie ihr Lebenspotenzial in einem selbständigen Unternehmen um, so muss dies den Siegel der Ungewöhnlichkeit tragen und ihr freie Hand lassen für ständige Änderungen, Abwechslung und spontane Aktionen. Die Art, wie sie sich in diesem Leben ein Denkmal setzen möchte, weicht von jeder Geradlinigkeit, Berechenbarkeit, von jedem Einheitslook ab.

Ventil bei innerem Überdruck und der Gefahr des spannungsbedingten Platzens bietet jede Form des kreativen Aktes, des Ausbaus ihrer Selbständigkeit, der (innerlich) freien Sexualität, des Auftritts als glanzvoller König in der Masse der Üblichkeit.

3. Art des Ausbruchs

Selbstbewusst

Wenn hier ausgebrochen wird, dann aus der Enge des bisherigen Selbstbildes und den Formen der Selbstverwirklichung. Man möchte eine neue Art der Selbstpräsentation finden. Das Grundpotential bleibt wie immer dieselbe, doch die Darstellung verändert sich, trägt ein neues Gesicht und wird in einen anderen Rahmen gepackt.

Unterstützung in ihrem Inneren für plötzliche Wandlungen, für befreiende Explosionen bietet das bisher erworbene Selbstbewusstsein und das Vertrauen auf eine innere Fülle an Besonderheiten, die jederzeit vorhanden sind und nur wieder neu umgesetzt und gestaltet werden müssen.

Sie bricht mit alten Strukturen durch eine immer ausgeprägtere reale Selbstentfaltung, indem sie Seelenanteil um Seelenanteil in sich erfasst und zur Wirklichkeit werden lässt. Jede Tätigkeit, die ihre Individualität und ihre schöpferischen Kräfte spiegelt, verhilft ihr dazu, sich aus den gewohnten, aus einschnürenden Lebensstrukturen selbst zu befreien.

4. Zukunftsvisionen und neue Lebensmodelle

Eine Welt aus kreativen Individualisten

Für die Uranus/Sonne-Persönlichkeit wird das Recht auf absolute Individualität großgeschrieben. In ihren Augen bedeutet Freiheit die Möglichkeit, dass jeder Mensch in seiner Außergewöhnlichkeit zum Ausdruck, zu seiner Bestimmung gelangen darf und kann. Sie wünscht sich eine Weltgemeinschaft, in der jeder aus seiner reichen Innerlichkeit schöpft und diese voller Lebendigkeit und Stolz in der

Außenwelt zur Schau trägt, sie einbringt in einen endlos bunten Reigen aus kreativen, aufrechten Persönlichkeiten, in dem jedem eine ganz spezielle Aufgabe und Lebenskunst zugeschrieben ist.

Neue Modelle könnten im Bereich der Unternehmensführung und des Managements sowohl seines eigenen Wesens als auch größter Konzerne entwickelt werden. Dabei steht der Abbau von Hierarchien zugunsten einer gleichberechtigten Belegschaft, in der jeder in seinen besten Fähigkeiten unterstützt wird und zur Geltung gelangen kann, im Vordergrund.

5. Lieblingsprojektionen

Exzentrische Künstler; chaotische, unberechenbare Unternehmer und Unternehmungsführungen; ausgeflippte Lebenskünstler.

Auf der körperlichen Ebene als Zeichen der passiven Manifestation:
nervöse, stressbedingte Herzbeschwerden; Herzrhythmusstörungen; Herzinfarkt; Erkrankungen des Nervensystems oder im Unterschenkelbereich aufgrund von Problemen in der freien Selbstentfaltung.

Konkrete Förderungen der Uranus/Sonne-Persönlichkeit

- Sich einen Freundeskreis aus sehr besonderen, eigenständigen und selbstbewussten Menschen suchen

- Eine Gemeinschaft, die kreativ, künstlerisch, produktiv ist und sich von den anderen abhebt

- Eine Gemeinschaft, mit der sie zusammen ein Unternehmen führen kann, in dem jeder seiner Individualität gerecht werden kann

- Eine Gruppe, in der man sich gegenseitig in der Selbstentfaltung unterstützt

- Sich alle Freiheiten in ihrem schöpferischen Selbstausdruck nehmen

- Befreiung von sexuellen Tabus und Einschränkungen, freier Fluss der sexuellen Energie; Homo-/Bisexualität; viel Abwechslung und Elektrizität bei der Sexualität

- Ihre Verrücktheit durch künstlerische, anderweitig kreative oder unternehmerische Tätigkeiten entdecken und herausbilden

- Mit Hilfe ihres Selbstbewusstseins und dem Drang nach Befreiung von dem alten, zu eng werdenden Selbstbild, mit Hilfe ihrer Eigenständigkeit, ihrer Life-Management-Fähigkeiten und/oder dem Aufbau eines selbständigen Unternehmens in eine neue Lebenssituation springen

- Ihren Beitrag liefern für eine Welt aus einmaligen Persönlichkeiten

- Freiheit durch ein gesundes Ego, die souveräne Gestaltung und Beherrschung ihres Lebens und ihre schöpferischen Kräfte, aber auch durch die Fähigkeit, sich von der Identifikation mit ihrem Ego zu befreien und innerer Zeuge zu sein.

ÜBUNGEN E

1. Welche Art von Menschen eignet sich am besten als Freunde für die Uranus/Sonne-Persönlichkeit?

2. Welche grundlegende Vision hat sie?

3. Welche Gemeinschaften sind bei folgenden Konstellationen empfehlenswert:
a. Uranus im Löwen im 7. Haus?
b. Uranus im Löwen im Trigon zur Venus im Widder?
c. Uranus in Konjunktion zu Merkur im Löwen im 1. Haus?

6. URANUS - JUNGFRAU-MERKUR

Tierkreiszeichen Wassermann im 6. Haus / TKZ Jungfrau
im 11. Haus
Uranus in der Jungfrau (Merkur im Wassermann)
Uranus im 6. Haus (Merkur im 11. Haus)
Aspekte zwischen Merkur und Uranus

Essenz
Freiheit, Distanz und Verrücktheit in und durch die Arbeit,
Analyse, Lebensnutzung und Vernunft.

Grundspannung

Vernunft, Zweckorientierung --- Freiheit, Spontaneität,
Unkonventionalität
Seinen Dienst leisten --- Verrücktheit, geistiges Abgeho-
bensein.

Lösung

Einsatz von Arbeitskraft, Ratio und Strategie für seine Unabhängigkeit.
Nutzung seiner Freiräume und seines Erfindergeistes für
die Anforderungen seiner Arbeit und des Alltags.

Selbstbild

Ich verstehe es, die Lebensumstände so gut wie möglich für
mich zu verwerten, verfüge über analytische Fähigkeiten

und habe meine Form der Arbeit gefunden, daher kann ich mein Leben frei, spontan und abwechslungsreich führen.

1. Freundeskreis und Gemeinschaften

Arbeit und Gesundheit

Die Uranus/Merkur-Persönlichkeit betrachtet Freundschaften aus einem sehr vernunftgeprägten Blickwinkel. Sie möchte sich nicht nur vergnügen und die Freizeit beliebig gestalten, sondern erwartet auch einen klaren Output, wenn sie sich mit Bekannten oder innerhalb einer Gruppe trifft. Dieser kann in konkretem gemeinsamen Arbeiten bestehen oder sich in eifrigem gemeinschaftlichem Analysieren (von was auch immer) oder gesundheitsbewussten Unternehmungen zeigen.

Sinn macht es auch, gemeinsam etwas bis ins kleinste Detail auszutüfteln, Strategien zu entwickeln oder Aktivitäten zu starten, die Exaktheit, Perfektionismus oder einen ausgeprägten Hang zur inneren und äußeren Reinlichkeit abverlangen.

Die Gemeinschaft, zu der sich die Uranus/Merkur-Persönlichkeit hingezogen fühlt, sollte einer Sache zu Diensten sein und einen konkreten Nutzen für die Allgemeinheit erarbeiten.

Bester Freundschafts- und Gemeinschaftsdienst: dienende Ameisenarbeit; Aktionen und Tätigkeiten so gestalten, das der beste Nutzen daraus gezogen werden kann. Taktiken und Strategien erarbeiten. Der Gruppe eine klare Zuordnung geben (wer sind wir und wozu handeln wir und sind wir zusammen); für Sauberkeit und Hygiene sorgen; Analyse; Gesundheitsbewusstsein entfachen.

2. Distanz, Verrücktsein und Freiheit

Alltagsbelange und Arbeitsweise

Bei dem Freiheitsbedürfnis der Uranus/Merkur-Persönlichkeit sind vor allem ihre Arbeitsweise und der Umgang mit Mitarbeitern und Arbeitskollegen betroffen. Hier weigert sie sich, die obligatorischen Regeln zu beachten und den vorgefertigten Wegen zu folgen. Sie will ihre spontanen Einfälle umsetzen und kreuz und quer aktiv werden, ohne sich in eine bestimmte Bahn, Uhrzeit oder Arbeitskonzepte einordnen zu lassen. Das Verhältnis unter Mitarbeitern sollte sich gleichberechtigt gestalten.

Um den Anforderungen des Alltags gerecht zu werden, braucht sie in gleicher Weise großen Spielraum, um ihre Eigenwilligkeit und ihre verrückte Seite zum Vorschein kommen zu lassen. Sie passt sich nicht ein, sondern will die Geschehnisse nach ihren plötzlichen Eingebungen und ihrer unkonventionellen Sichtweise formen und gestalten. Sie begehrt aufs Höchste auf, wenn man sie in vernünftige Geleise schicken und geradeaus fahren möchte. Sie bevorzugt stattdessen ihren Zickzackkurs. Auch der Umgang mit und das Verständnis von Hygiene und Sauberkeit unterliegt den Gesetzen ihrer ungewöhnlichen Natur.

Sie muss lernen, zu ihrem Workaholismus, zu ihrem Perfektionismus und der Tendenz, sich in Einzelheiten zu verlieren, Distanz zu gewinnen.

Ventil für innere Spannungen und Explosionsgefahr stellen Arbeitsprozesse und innere und äußere Reinigungsunternehmungen dar.

3. Art des Ausbruchs

Strategie und exakte Analyse

Will die Uranus/Merkur-Persönlichkeit aus zu starr gewordenen Lebensbahnen ausscheren und sich ihr Reich an Unabhängigkeit vergrößern, so geht sie dabei höchst strategisch und wohl überlegt vor. Lieber verliert sie zuerst kleinere Schlachten im Gefecht um mehr Freiraum, um dann schließlich doch den Endsieg davonzutragen, wenn sie keine andere Lösung sehen sollte. Sie hat den gesamten Vorgang der zweckdienlichen "Explosion" vor ihrem geistigen Auge, geht oft genug jede Station sorgsam durch und zeichnet sich ein genaues Ziel, das sie mit Hilfe von Taktik, exakter Analyse und ihrer Ratio erarbeitet.

Die Hauptgebiete ihrer Ausbruchstendenzen liegen auf dem Gebiet der Arbeitsweise, des Verhältnisses innerhalb des Arbeitsteams und der unterwürfigen Dienstbarkeit, auch eines gewissen Maßes an Masochismus und Aschenputteldaseins.

4. Zukunftsvisionen und neue Lebensmodelle

Teamwork

Die Uranus/Merkur-Persönlichkeit plädiert für absolut gleiche Rechte für die gesamte arbeitende Masse. Sie will Hierarchien zwischen Vorgesetzen und Arbeitgebern abbauen und eine gleichberechtigte Truppe von Menschen entstehen lassen, in der jeder eine abwechslungsreiche Tätigkeit ausführen kann.

Sie kann auch dazu tendieren, verschiedene Arbeiten gleichzeitig bei unterschiedlichen Stellen zu bewältigen oder als freier Mitarbeiter bei verschiedenen Firmen tätig zu sein. Gleitzeit und die freie Einteilung des Arbeitspensums müssen zur Selbstverständlichkeit werden. Jedes Unternehmen besteht aus einem Team, in dem jeder Einzelne seinen Bereich hat, den er ausfüllt und selbstverantwortlich führt.

Es können völlig neue Formen der Zusammenarbeit, Arbeitsweisen entstehen, nicht zuletzt mit Hilfe der neuesten Elektrotechnik (Computer, Kommunikationssysteme, Intranet, Internet etc.).

5. Lieblingsprojektionen

Unzuverlässige, chaotische, flippige, unmögliche, pubertäre, hektische, stressige, lärmende, nervende Mitarbeiter und Arbeitskollegen; suspekte, weil unkonventionelle Methoden zur Gesunderhaltung, zur inneren und äußeren Reinigung.

Auf der körperlichen Ebene als Zeichen der passiven Manifestation:
nervöse, stressbedingte Darmbeschwerden bis hin zu -geschwüren und Verdauungsstörungen. Durchfall. Nervenerkrankungen im Darmbereich und Pankreas. Erkrankungen des Nervenkostüms und der Unterschenkelregion aufgrund von Problemen bei der Arbeits- und Alltagsbewältigung.

Konkrete Förderungen der Uranus/Jungfrau-Merkur-Persönlichkeit

- Sich eine Arbeitsgruppe suchen

- Freunde, die vernünftig, analytisch versiert, gesundheitsbewusst und alltagstauglich sind

- Mit ihren Freunden Strategien ausarbeiten, eine Arbeitsgemeinschaft bilden oder gemeinsame Gesundheit bildende Maßnahmen unternehmen

- Ein unregelmäßiger Arbeitsrhythmus, ungewöhnliche Arbeitszeiten und -weisen, Mitarbeiter und Arbeitskollegen

- Gleichberechtigte Teamarbeit

- Völlig freie Zeiteinteilung

- Eigenes, unübliches Verständnis von Sauberkeit und Gesundheit

- Außergewöhnliche Methoden der Gesunderhaltung, der Diagnostik, insbesondere mit Hilfe technischer Mittel

- Distanz zu übermäßigem Arbeitsdrang, Perfektionismus, Masochismus und Detailorientierung herstellen

- Vision arbeitsmäßiger Gleichberechtigung und vollkommener Freiheiten im Arbeitsbereich entwickeln und helfen umzusetzen.

ÜBUNGEN F

1. Worauf legt die Uranus/Merkur-Persönlichkeit bei ihren Freunden den größten Wert?

2. Was hilft ihr bei folgenden Konstellationen bei ihren Freiheitsausbrüchen:
a. Uranus in der Jungfrau im 4. Haus?
b. Uranus in der Jungfrau im Trigon zu Jupiter im Steinbock?
c. Uranus in Konjunktion zu Mars in der Jungfrau im 8. Haus?

7. URANUS - WAAGE-VENUS

Tierkreiszeichen Wassermann im 7. Haus / Tierkreiszeichen Waage im 11. Haus
Uranus in der Waage (Venus im Wassermann)
Uranus im 7. Haus (Venus im 11. Haus)
Aspekte zwischen Venus und Uranus
Aspekte zwischen Uranus und DC

Essenz

Freiheit, Distanz und Verrücktheit in und durch Beziehungen und seinem Verständnis von Schönheit, Stil und Harmonie.

Grundspannung

Liebevolle Zweisamkeit --- Bedürfnis, die Norm (auch von Beziehungen) zu sprengen
Harmonie, Gleichgewicht --- Durcheinander, Chaos, Ausbruch

Lösung

Freiheit mit Hilfe von Attraktivität, innerer Harmonie und seiner Beziehungsfähigkeit erlangen.
Einfließenlassen seiner unkonventionellen Art in die Partnerschaft.
Einsatz von Erfindergeist, Distanz und Spontaneität, um Harmonie herzustellen.

Selbstbild

Ich lebe meine Art der Beziehung habe meinen Geschmack und Stil gefunden, deshalb kann ich mein Leben freiheitlich, aufregend und abwechslungsreich gestalten.

1. Freundeskreis und Gemeinschaften

Ästhetik und Harmonie

Die Uranus/Venus-Persönlichkeit wünscht sich einen kultivierten Freundeskreis, in dem lautstarke Streitereien und körperlicher Schlagabtausch zu den Seltenheiten zählen. Die Basis soll auf Gemeinsamkeiten und freundlichem Umgangston beruhen. Die Grundlinie muss in Richtung Vereinigung und Aussöhnung gehen. Jeder möge seinen Teil dazu beitragen, eine harmonische Atmosphäre und Stimmung herzustellen und sich höflichst einzureihen in die Gemeinschaft, die hier gefällt.

Vielleicht unternimmt man gemeinsame künstlerische Aktivitäten, widmet sich seiner Schönheitspflege oder diskutiert ausgiebig die verschiedenen Partnerschaftsangelegenheiten der Beteiligten durch. Am wesentlichsten ist das gegenseitige Verständnis für den Wunsch nach einem friedlichen, erquickenden und angenehmen Beisammensein, bei dem böse Worte oder negative Stimmungen auch einmal unter den Teppich gekehrt werden können, um die traute Verbundenheit nicht unnötig zu stören. Auch nach außen hin, in ihrem Wirken sollte die Gemeinschaft, der man sich hier zugehörig fühlt, sich dafür engagieren, dass Gegensätze vereint werden und Friede, Kunstsinn und Ästhetik im Vordergrund stehen.

Bester Freundschafts- und Gemeinschaftsdienst: Harmonie schaffen, Streitereien schlichten; immer beide Seiten anhören und berücksichtigen; Höflichkeit und Kultur einbringen; Aussöhnungen, Vereinigungen; Diplomatie, Taktgefühl, Verhandlungsgeschick; Ausgleich herstellen.

2. Distanz, Verrücktsein und Freiheit

Beziehungsleben und Schönheitssinn

Die Uranus/Venus-Persönlichkeit benötigt sehr viel Abstand innerhalb ihrer Liebesbeziehungen. Will man sie für eine fixe Partnerschaft nach normalen Bedingungen einfangen, ist sie flugs entwischt und schwebt zum Luftholen auf ihrem Wölkchen der Distanz. Um dieses Freiheitsgefühl zu erlangen, greift sie als Anfängerin zu wechselnden sexuellen Beziehungen, springt quasi von einem Bett ins andere, bis sie den Weg der realen Freiheit beschreitet, nämlich weg von allen Selbstbegrenzungen, Tabus und Kontrollmechanismen, die ihre Beziehungsfähigkeit einschränken und gefangen halten.

Dann kann sie lernen, sich als den abwechslungsfreudigen und überraschenden, den spontanen und erfinderischen, den innerlich unabhängigen Partner zu zeigen, den sie sich die ganze Zeit über gewünscht hat. Die Zeiten der Unnahbarkeit aus Angst, ihre Freiheit zu verlieren, werden überflüssig. Die alten Selbstbegrenzungen wurden durchbrochen, so dass sie nicht länger von außen in Form eines einschränkenden, Luft raubenden Partners gespiegelt zu werden brauchen.

Die Beziehung wird frei sein von moralischem, traditionellen und Norm orientierten Mief. Die Partner dürfen sich Flügel wachsen lassen, ohne noch länger das Spiel des Wegflatterns bei zu viel Nähe spielen zu müssen. Wird weiterhin mehr Abstand als normal gewünscht, so kann dieser bewusst eingebracht werden (getrennte Wohnungen etc.). Übergangslösungen wie Fremdgehen werden nicht mehr gebraucht. So besteht die Möglichkeit der bewusst gelebten Distanz oder der realen inneren Freiheit, die eine Einengungsangst (da die eigenen Einengungen am Verschwinden sind) nicht mehr kennt.

Die Uranus/Venus-Persönlichkeit braucht gegenüber dem Partner den Freiraum, ihre Verrücktheit und ihre spontanen Anwandlungen ohne jede Abbremsung zum Ausdruck bringen zu können. Beziehungen stellen ihre Bühne dar, um vollkommen aus der Art (des Normbürgers) zu schlagen und auszurasten. Sie sind ihr Ventil bei zu hoher innerer Spannung (wie es auch die Kunst sein kann und die Kreation einer ganz anderen Beziehungsversion, die plötzlich umgesetzt werden muss). Sie möchte jederzeit Dampf und Überdruck ablassen können, sonst wird sie von dannen eilen, und sich im Freundeskreis die Luft verschaffen, die sie so nötig braucht.

Ein weiterer wesentlicher Bereich der Freiheitsbegierde, in dem keine Konvention Einlass finden sollte, ist die Optik, das Outfit, mit dem man nach außen tritt. Hier müssen absolut neue Wege gefunden werden, angefangen beim skandalösen Auftritt bis hin zur eigenen, extraordinären Geschmacksrichtung.

Das Verständnis von Attraktivität und Schönheit divergiert stark von den üblichen Vorstellungen und kann manch einen mit normalem Geschmack zur Verzweiflung treiben.

3. Art des Ausbruchs

Diplomatisch

Die Uranus/Venus-Persönlichkeit behält ihre Umgebung und insbesondere ihren Partner im Auge, zeigt Rücksicht und Verständnis, wenn sie sich zwecks Befreiung verändern und aus der bisherigen Lebensweise herausreißen möchte.

Sie springt mit einem freundlichen Lächeln, ohne es mit ihren Mitmenschen verscherzen zu wollen. Sie befreit sich innerhalb einer Partnerschaft, mit Hilfe des Zusammenseins und vielleicht auch der ständigen bewussten Spiegelung durch den Partner.

Woraus sie sich am meisten winden muss, sind ihre bisherigen Beziehungsmuster und -vorstellungen, ist ihre Verhaltensweise gegenüber dem Partner. Außerdem stellt ihre Art, Liebe und Zuneigung zu zeigen, aber auch empfangen zu können, ein wichtiges Gebiet dar, auf dem sie sich von alten Sperren und Ängsten befreien sollte und kann.

4. Zukunftsvisionen und neue Lebensmodelle

Die Partnerschaft in Freiheit und Gleichberechtigung

Die Uranus/Venus-Persönlichkeit schaut mit der Hoffnung in die Zukunft, aus dem üblichen Zweierkistentrauma aussteigen zu können und der Menschheit ein Modell von Beziehung zu präsentieren, in der beide Partner mit mehr Distanz zueinander stehen und sich große Freiräume zur eigenen Lebensgestaltung trotz der gegenseitigen Verbundenheit gewähren, in der eine gemeinsame Vision wichtiger ist als persönliche Bedürfnisse gegenüber dem Partner. Die Beziehung soll eher auf Freundschaft und Hilfsbereitschaft beruhen als auf Leidenschaft und loderndem Feuer, das ohnehin vergeht. Durch den Abstand zueinander fallen die emotionalen Verschlingungen weg und damit auch das Besitzenwollen, die unbändige Sehnsucht und das begierige Verlangen.

Der Mensch soll neben der Verbundenheit mit dem Partner auch noch viele Verbundenheiten zu Freunden haben und damit die Zweierbeziehung aufbrechen. Zuwendung erfahren auch andere, nicht nur der feste Partner. Das Herumspringen auf sexueller Ebene kann dabei als Vorspiel für eine reife, echte innere Freiheit und eine darauf basierende reale freiheitliche Beziehung fungieren. Die Partnerschaft muss stets durch Abwechslungsreichtum und Experimentierfreude ausgezeichnet sein, um am Leben erhalten zu bleiben.

5. Lieblingsprojektionen

Beziehungsunfähige, die ständig stiften gehen und sich nicht auf Gefühle und Liebe einlassen. Fremdgeher. Schwule, Lesben, Bisexuelle. Leute, die unmöglich angezogen, geschminkt und zurechtgemacht sind.

Auf körperlicher Ebene als Zeichen der passiven Manifestation:
Wanderniere; Nierenerkrankungen (besonders mit Nervenbeteiligung) aufgrund von Schwierigkeiten mit Freiraum und Möglichkeit zu Spontaneität, vor allem innerhalb der Partnerschaft. Erkrankungen des Nervensystems oder im Unterschenkelbereich aufgrund von Partnerproblemen.

Konkrete Förderungen der Uranus/Waage-Venus-Persönlichkeit

- Ein Freundeskreis, in dem gegenseitige Rücksichtnahme, Freundlichkeit und ein kultivierter Umgang wesentlich sind

- Schöngeistige, künstlerische Unternehmungen mit

Freunden oder in entsprechenden Gemeinschaften

- Gemeinschaften, die sich für Kunst, Geschmack, Ästhetik, Frieden und Harmonie engagieren

- Sich im Freundeskreis eingehend über ihre Partnerschaftsangelegenheiten auslassen können

- Abstand zu ihren Beziehungen

- Ausbruch aus den konventionellen Beziehungsmustern und Schönheitsregeln

- Eine abwechslungs- und überraschungsreiche Partnerschaft gestalten mit einem hohen Grad an Unabhängigkeit und der Möglichkeit zu viel Spontaneität

- Beziehungen, die eher auf Freundschaftlichkeit als auf tiefer Leidenschaft und Emotionalität beruhen

- Experimente in der Partnerschaft

- Versuchsreihe Polygamie

- Aus alten Beziehungsmustern und -vorstellungen ausbrechen

- Ihr Verrücktsein innerhalb der Beziehung ausleben

- Zusammen mit Hilfe des Partners alte Lebensstrukturen sprengen und neue Visionen entwickeln.

ÜBUNGEN G

1. Welche Art von Freundeskreis ist für folgende Konstellationen förderlich:
a. Uranus in der Waage im 8. Haus?
b. Uranus in der Waage im 12. Haus?
c. Uranus in der Waage im 2. Haus im Trigon zum Mond in den Zwillingen?

2. Welches Verhältnis hat die Uranus/Venus-Persönlichkeit zu Beauty und Outfit?

8. URANUS – PLUTO

Tierkreiszeichen Wassermann im 8. Haus / TKZ Skorpion
im 11. Haus
Uranus im Skorpion (Pluto im Wassermann)
Uranus im 8. Haus (Pluto im 11. Haus)
Aspekte zwischen Uranus und Pluto

Essenz

Freiheit, Distanz und Verrücktheit durch einen wertfreien,
kompromisslosen Gang in seine (oft nach außen projizier-
ten) Tabuzonen, Abgründe und Unbewußtheit. Befreiung
durch Intensität und Wandlung.

Grundspannung

Bindung, Fixiertheit --- Bruch, Schnitt, Befreiung
Unterwelt, tiefes Eindringen --- Lüfte, Abstand

Lösung

Nutzung seines intensiven Kontaktes mit seiner dunklen
Seite, seiner Macht und Leidenschaft, um sich von Konvention und Norm zu befreien.
Nutzung seines Freiheitsgrades und unkonventioneller Methoden, um noch tiefer in sich und andere dringen, seine
innere Einheit wiederfinden und sich wandeln zu können.

Selbstbild

Ich bin fähig, Grenzen zu überschreiten, Wertfreiheit zu entwickeln und mich und anderes tief zu erforschen, daher erreiche ich Freiheit und den Bruch mit verstaubten Lebensordnungen.

1. Freundeskreis und Gemeinschaften

Intensität und Macht

Die Uranus/Pluto-Persönlichkeit sucht sehr tiefgehende Freundschaften, in denen sie bis auf die untersten Gründe ihres Wesens herangelangen kann, bei denen keine Schranken und Moral, keine Auflagen existieren, außer der, dass es keine Geheimnisse, keine Halbheiten und keine Oberflächlichkeit geben sollte.

Sie zeigt sich sehr besitzergreifend und fordernd, will einen engen Kreis von Verschworenen oder Verschwörern, der zu jeder Schandtat bereit ist, in dem alles, was es an Leben und Tod gibt, machbar und erfahrbar ist. Man könnte sich auch einer Forschungsgruppe jeder Art anschließen und dort gemeinschaftlich dem Drang nach Ausleuchtung jeder auch noch so versteckten Ecke nachgehen.

Vielleicht bringt man auch als Freund oder innerhalb seiner Gruppierung das ein, was ansonsten verdrängt und unterdrückt wird, fungiert sozusagen als schwarzes Schaf und komplettiert somit das fehlende Glied in der Kette der Gesamtheit. Ist das innere Potenzial an Macht schon gewonnen, so wird es eingebracht. Befindet man sich noch auf der Suche danach, könnte man ersatzweise durch die Mitgliedschaft in einem mächtigen Verband diese von außen in sein Leben bringen. Oder man bricht in seinem Team von Gleichgesinnten gesellschaftliche Grenzen und

Reglements sowie jegliche Sicherheitsbestrebungen.

Bester Freundschafts- und Gemeinschaftsdienst: Tiefgang, absolute Loyalität bis zum Tode; kompromisslose Wahrheitssuche; Echtheit; die Verdrängungen spiegeln; Macht in der und für die Gruppe; Anregung zur Wandlung.

2. Distanz, Verrücktsein und Freiheit

Forschung und Befreiung von Tabus

Die größte Freiheit, die sich die Uranus/Pluto-Persönlichkeit erschaffen kann, ist die Befreiung von aller Kontrolle, von Tabus und Wertungen. Sie kann sich jenseits aller Einteilung in Gut und Böse erheben und dadurch ein Höchstmaß an Unabhängigkeit erwerben. Bei ihr erhält alles Einlass, egal wie diese Eigenschaften und Tätlichkeiten von der Allgemeinheit eingestuft und etikettiert werden. Dies macht sie zu einer sehr extrem erscheinenden Persönlichkeit.

Sie gelangt in Kontakt mit ihrer verrückten Seite, indem sie sich mit ihren verdrängten, tief abgespaltenen Seelenanteilen befasst und wieder anfreundet. Durch ihre Totalität nimmt sie sich die Freiheit, schonungslos an die Oberfläche zu bringen, was Unterdrücker, Wandlungsängstlinge oder zwielichtige Figuren sicher unter den Teppich gekehrt glaubten.

Die Uranus/Pluto-Persönlichkeit fühlt sich umso freier, je mehr sie ihr Unterbewusstsein erforscht hat und um ihre verborgenen, inneren Kraftplätze weiß.

Sie braucht aber gleichzeitig oft Abstand zu dieser Intensität, zu ihren festen, unbeweglich erscheinenden Bindungen und ihrer Besitz ergreifenden Seite gegenüber Menschen.

3. Art des Ausbruchs

Radikal

Die Uranus/Pluto-Persönlichkeit bricht radikal alle Brücken hinter sich ab, wenn sie einen Neuanfang im Sinn hat. Sie lässt kein Hintertürchen offen, sondern springt mit aller Gewalt in eine neue Lebensära, in der kein Stück, keine Person mehr an die alten Zeiten zurückerinnern soll.

Für Außenstehende mögen die rabiaten, plötzlichen Wandel bedrohlich und schockierend wirken, während es für die Uranus/Pluto-Persönlichkeit selbstverständlich ist, absolute Brüche in ihr Leben einzubauen, um aus alten Vorstellungen herauszukommen und all das auszusortieren, was nicht ihrem starken Drang nach Wahrheit und Echtheit entspricht.

Sie kann auch ihren Forschergeist und Tiefgang, ihre Macht und Leidenschaft zum Einsatz bringen, wenn sie völlig neue Wege einschlagen möchte.

4. Zukunftsvisionen und neue Lebensmodelle

Die Welt frei von Dualität

Eine wesentliche Vision ist hier das Bild, dass die Trennung in Gut und Böse aufgehoben wird und der Mensch wieder sein abgespaltenes, weil als schlecht deklariertes Seelengut in sein Gewahrsein bringen und zum Leben wiedererwecken darf. Der Mensch wird in sich eine Einheit und kann seine gesamte Palette an Menschsein gleichberechtigt zum Vorschein bringen.

Jeder gelangt somit in seine Macht, in seine Selbstbestimmung und braucht seine unterdrückten Wesensteile nicht mehr fremd besetzen zu lassen. Die Welt wird grenzenloser und gelangt aus ihrem Gatter von Moral und Kleinkariertheit heraus. Der Mensch arbeitet an seiner weiteren Befreiung durch Selbsterforschung und alle Formen von Therapien, die ihm seine innere Finsternis offenbaren. Er ist immer wieder bereit, zu sterben und als neuer Mensch wieder aufzuerstehen.

Wichtig ist Freiheit durch Wandlungsbereitschaft und tiefe Veränderung durch den Bruch mit überholten Denk- und Lebensformen. Die Gemeinschaft der Zukunft zeichnet sich durch Authentizität und Tiefgang aus, durch freiwillige Stirb- und werde-Prozesse - der intensivsten Selbstbefreiung schlechthin.

5. Lieblingsprojektionen

Freiheitsextremisten; machtvolle, gewalttätige, vorstellungsfixierte, problemorientierte Freunde und Gemeinschaften.

Auf der körperlichen Ebene als Zeichen der passiven Manifestation:
Erkrankungen des Nervensystems im Bereich der Geschlechtsorgane, der Blase, des Enddarms. Krämpfe des Unterschenkels. Krämpfe im motorischen Nervensystem (Epilepsie etc.).

Konkrete Förderungen der Uranus/Pluto-Persönlichkeit

-   Intensive, dem Leben und sich selbst auf den Grund gehende Freundschaften

-   Machtvolle, Wahrheit suchende, auf Echtheit und

Totalität bedachte Gemeinschaften

- In Gemeinschaften und im Freundeskreis das verdrängte Prinzip repräsentieren und ins Bewusstsein bringen

- Eine Forschungsgruppe

- Gruppentherapie

- Tiefenforschung in sich, Wertungen abbauen und aufheben, um Freiheit zu erlangen

- In extremer Weise aus gewohnten Situationen ausbrechen, radikal und ohne jedes Sicherheitsdenken

- Ihren Teil beitragen zur Schaffung einer wertfreieren, wandlungsfähigen Welt.

ÜBUNGEN H

1. Wie gelangt die Uranus/Pluto-Persönlichkeit am besten zu einem hohen Maß an Freiheit?

2. Welche Form der Gruppe oder des Freundeskreises wäre empfehlenswert:
a. Uranus im Skorpion im 4. Haus?
b. Uranus im Skorpion im 10. Haus?
c. Uranus in Konjunktion zu Neptun im 8. Haus?

9. URANUS – JUPITER

Tierkreiszeichen Wassermann im 9. Haus / TKZ Schütze
im 11. Haus
Uranus im Schützen (Jupiter im Wassermann)
Uranus im 9. Haus (Jupiter im 11. Haus)
Aspekte zwischen Jupiter und Uranus

Essenz

Freiheit, Distanz und Verrücktheit in und durch Bildung,
Bewusstseinserweiterung und Zulassen von Glück und Erfolg.

Grundspannung

Bildung, Weisheit, Erfüllung --- Ausbruch, Wunsch nach
einem Schnitt, nach Spontaneität und Unabhängigkeit.

Lösung

Einsatz seiner Erkenntnisse und Weisheit, um sich Freiheit
zu verschaffen.
Nutzung seiner Unabhängigkeit und seines Ausbruchver-
mögens, um sein Bewusstsein und seinen Horizont zu erweitern und zu reisen.

Selbstbild

Ich habe mein Weltbild, meine religiöse Sichtweise und

entwickle mich ständig weiter, daher kann ich ein freies und spontanes Leben führen.

1. Freundeskreis und Gemeinschaften

Großzügigkeit und geistiger Horizont

Die Freunde der Uranus/Jupiter-Persönlichkeit müssen sich durch ein hohes Bildungsniveau oder eine andere Form der geistigen Weite auszeichnen. Sie wünscht sich Menschen um sich, die wie sie ständig an ihrer Weiterentwicklung arbeiten und ständig Ausschau nach neuen Erkenntnissen, Einsichten und Lebensweisheiten halten. Es soll eine gegenseitige Unterstützung stattfinden auf der Suche nach dem Sinn des Lebens, einer eigenen Lebensphilosophie und Religiosität. Sie erwartet ein hohes Maß an Großzügigkeit und Toleranz, die sie auch selbst einbringt, eine positive, zuversichtliche und lebensfrohe Grundstimmung.

Sie fühlt sich angezogen von Gruppen, in denen sie Erfüllung und Bewusstseinserweiterung findet, den Weg zu einem zufriedenen Leben, das dennoch stets Veränderungen durch Expansion mit sich bringt. Besonders geeignet wären Gemeinschaften mit dem Ziel der Weiterbildung, des Bewusstseinswachstums, der Religiosität oder philosophischer Einsichten. Auch Reisegruppen, in denen ferne Auslandsziele anvisiert werden, um andere Kulturen kennen zu lernen und dadurch seinen Horizont zu erweitern, wären förderlich bei dieser Konstellation.

Bester Freundschafts- und Gemeinschaftsdienst: Expansion und Weiterentwicklung aktivieren; jeder Lebenslage Sinn verleihen und ihre konstruktiven Seiten sehen; Missionsgeist innerhalb und nach außen; sein Bildungs- und Bewusstseinsstand; Zuversicht, Lebensfreude,

Optimismus.

2. Distanz, Verrücktsein und Freiheit

Bildung, Religion und Expansion

Die Uranus/Jupiter-Persönlichkeit braucht sehr ungewöhnliche Methoden und Thematiken der Weiterbildung und -entwicklung. Sie lässt sich ungern für Normstudiengänge oder geregelte Studienzeiten gewinnen. Stattdessen bevorzugt sie neueste Bildungsgänge und -arten, die den gewöhnlichen Geist sprengen und ihr viel Luft zur eigenen Einteilung ihrer geistigen Betätigung ob nun als Studentin oder Dozentin lassen.

Dasselbe gilt für ihre Form des Bewusstseinswachstums, die sie für sich wählt, und ihr religiöses Verständnis. Die konventionellen Religionsrichtungen, die traditionell weitergegeben werden, lehnt sie kategorisch ab und begibt sich auf die Suche nach einer avantgardistischeren Art und Weise, sich mit einer höheren Einheit verbunden zu fühlen und seinen Sinn im Kontext dieses Ganzen zu erfassen. Sie steigert sich nicht emotional in ihren Glauben hinein, sondern schafft immer wieder den notwendigen Abstand, um sich nicht gefangen und eingeschränkt zu fühlen oder Gewohnheiten, übliche Rituale aufkommen zu lassen, was sich bis hin zu einer atheistischen Haltung auswachsen kann.

Ihre Lebensphilosophie muss ihr ganz großen Raum für alle möglichen Verrücktheiten und Spontaneitäten gewähren und zu einem ewigen Drang nach noch mehr Unabhängigkeit anregen. Zuletzt kann sie ihre Sprunghaftigkeit und ihr Bedürfnis nach Distanz noch durch Reisen ausleben, die sich auch als gutes Ventil bei innerem Überdruck eignen.

3. Art des Ausbruchs

Geist und Zuversicht

Hier wird in erster Linie mit und im Geist die Vergangenheit hinter sich gelassen und ein plötzlicher Neubeginn gestartet. Bewusstseinssprünge durch Eingebungen und Blitzideen sind ebenso möglich wie durch eine stete Weiterbildung und Entwicklung seiner eigenen Weisheit und Erkenntnisse. Eine weitere Möglichkeit stellt der Bruch mit ihrer religiösen Meinung, alten Lehr- und Studienweisen oder der bisherigen Art der Erfüllung dar.

Die Uranus/Jupiter-Persönlichkeit geht frohen Mutes und mit einer optimistischen Grundhaltung an die Veränderungen, die Sprünge in ein neues Leben heran. Sie erwartet Erfolg und Zufriedenheit, wenn sie sich von dem althergekommenen Leben abseilt und zu neuen, progressiveren Ufern aufbricht.

Auch kann der Wechsel mit dem Ausland, Ausländern oder fremden geistig-religiösen Richtungen in Verbindung stehen, könnte es eine Weltreise oder ein längerer Aufenthalt in einem fern gelegenen anderen Land sein, die ihr beim Abschneiden der altbacken gewordenen Lebenszöpfe hilft.

4. Zukunftsvisionen und neue Lebensmodelle

Die Weltreligion / Gleiches Bildungsrecht

Eine Zukunftsvision stellt die alle vereinende, aber nicht vereinnahmende Weltreligion dar, in der alle Freiheiten herrschen und die die Religionskriege überflüssig werden lässt, aber auch der uranisch geforderten Abwechslung und Formenvielfalt entspricht. Entweder man folgt dem Drang nach Gemeinschaft und erkennt, dass es eine übergeordnete Einheit für alle gibt, oder aber man entwickelt die Distanz und Toleranz und lässt jedem die Wahl, diese übergeordnete Instanz für sich so zu benennen und anzubeten, wie er es möchte. Zumindest soll die Religion der geistigen Erweiterung dienen und nicht als kindlicher Ersatzhalt für Menschen, die ihre innere Religosität und Wiederverbindung noch nicht entdeckt haben. Eine andere Möglichkeit stellt die Zerstörung jeglicher allgemeiner Religionsformen dar.

Auch das Bildungswesen sollte grundlegend reformiert werden und noch mehr in Richtung Gesamtschulen und Gesamthochschulen gehen. Die Bildungshierarchien zwischen Lehrer/Schüler, Dozent/Student wie auch zwischen Akademikern und Nichtstudierten hat zu fallen wie durch einen Schlag mit der Guillotine. Jeder Mensch sollte gleiche Bildungschancen haben, ohne dass man ihn später danach beurteilt, für welches Maß und welche Art an Ausbildung er sich entschieden hat. In erster Linie geht es um einen Befreiungsfeldzug durch mehr Bildung, Erkenntnis, Bewusstheit und Sinnfindung.

5. Lieblingsprojektionen

Religionsextremisten; Atheisten; Nihilisten; verrückte Gurus oder deren Anhänger; unkonventionelle Bildungsformen, Lehrer, Professoren, Geistliche.

Auf der körperlichen Ebene als Zeichen der passiven Manifestation:
Erkrankungen der Leber/Hüfte/Oberschenkel aufgrund von Schwierigkeiten mit Ausbruch und Freiheit; Erkrankungen im Unterschenkelbereich (Schwellungen, Erweiterungen) durch Probleme mit Sinn, Bildung, Religion und Erfüllung.

Konkrete Förderungen der Uranus/Jupiter-Persönlichkeit

- Freundeskreis von gebildeten, bewussten Menschen mit einer positiven Lebensgrundhaltung

- Religiöse, bildungsmäßige oder reiseorientierte Gruppen

- Gemeinschaften mit philosophischem Ansatz

- Gruppen für und mit Ausländern oder bzgl. fremdländischen Kulturen und Religionen

- Freunde, die einem Erfüllung und Zufriedenheit bedeuten, die einem ständig in seinem Bedürfnis nach Expansion und Weiterentwicklung unterstützen

- Abkehr von der konventionellen Religionsrichtung und dem üblichen Bildungswesen

- Sich vollkommene Freiheit in der Aus- und Weiterbildung nehmen und den obligatorischen Weg hier meiden

- Ungewöhnliche Methoden zur Bewusstseinserweiterung

- Freiheit als ihre Basis von Glück und Erfüllung erkennen

- Plötzliche Wandlungen mit Hilfe ihres weiten Horizontes und ihrer positiven Erwartungshaltung durchstehen können

- Ihren Teil für gleiche Bildungsmöglichkeiten und den Bruch mit den bisherigen Hierarchien in Bildung und Religion beitragen.

ÜBUNGEN I

1. Welche Gemeinschaften wirken sich förderlich bei folgenden Konstellationen aus:
a. Uranus im Schützen im 6. Haus?
b. Uranus im Schützen im 12. Haus?
c. Uranus in Konjunktion zum Mond im Schützen im 3. Haus?
d. Uranus im Widder im 9. Haus?

10. URANUS – SATURN

Tierkreiszeichen Wassermann im 10. Haus / TKZ Steinbock im 11. Haus
Uranus im Steinbock (Saturn im Wassermann)
Uranus im 10. Haus (Saturn im 11. Haus)
Aspekte zwischen Saturn und Uranus
Aspekte zwischen Uranus und MC

Essenz

Freiheit, Distanz und Verrücktheit durch und im Beruf, in seiner Lebensstruktur und seinen Lebenszielen, seiner Art des Ordnungssinns und der Stabilität.

Grundspannung

Ordnung, Festigkeit, Kontinuität --- Sprung, Bruch, Chaos
Norm, Konvention, Tradition --- Futurismus, Avantgarde, progressive Strömungen, Revolution.

Lösung

Nutzung seines Freiheitsgrades, um seine Form von Ordnung und Stabilität aufbauen zu können.
Einsatz seines Erfindergeistes im Beruf.
Nutzung seiner Disziplin und Stabilität, um sich seine Unabhängigkeit zu erarbeiten.

Selbstbild

Ich habe meine Art des Berufs, des Ordnungssinns und des Halts (inneren Vaters) für mich gefunden und bin zu meiner eigenen Autorität geworden, deshalb kann ich mein Leben spontan und frei führen.

1. Freundeskreis und Gemeinschaften

Zuverlässigkeit und Kontinuität

Für die Uranus/Saturn-Persönlichkeit stellen Freunde oder die Zugehörigkeit zu einer Gruppe einen wesentlichen Bestandteil für ihre Lebensstabilität dar. Daher sollte sie sich mit Geduld und "Arbeitsaufwand" einen festen, zuverlässigen Freundeskreis aufbauen, der ihr ebenso Halt verleiht, wie sie selbst Stütze für die anderen oder eine Gruppe sein kann.

Hat sie dann ihre Gemeinschaft gefunden, so strebt sie effektive Treffen an, will sich nicht nur zum Spaß zusammentun, sondern gemeinsam klare Ziele setzen und diese auch kontinuierlich verfolgen. Sie möchte Ordnung und Überblick herstellen und die bearbeitete Materie, sei es nun eine Diskussion oder eine berufliche Team-Arbeit, auf den Punkt bringen und das Wesentliche, die Essenz herauskristallisieren, um so klare Konturen und Formen zu schaffen.

Sie will zusammen Pläne schmieden und sie mit ihrer Geradlinigkeit und ihrem Realitätssinn umsetzen. Freundschaften sind eine ernsthafte, manchmal fast schon anstrengende Angelegenheit für sie, in der sie bereit ist, viel Kraft und langfristiges Engagement einzubringen.

Bester Freundschafts- und Gemeinschaftsdienst: die ordnende Hand; Dinge in eine Form bringen; Verantwortung übernehmen; Zuverlässigkeit, Durchhaltevermögen,

Konzentrationskraft; klare Zielsetzungen herausarbeiten und ihre plangemäße Umsetzung.

2. Distanz, Verrücktheit und Freiheit

Beruf und Stellung in der Gesellschaft

Die größte Unabhängigkeit beansprucht die Uranus/Saturn-Persönlichkeit in ihrem beruflichen Feld. Hier kann und will sie sich austoben und braucht absolute Narrenfreiheit. Entweder sie wählt eine Tätigkeit, in der sie die verschiedensten Aufgaben zu bewältigen hat und so zu ihrer Abwechslung kommt, oder sie ist in unterschiedlichen beruflichen Aktivitäten beschäftigt. Gleichklang, Routine und Eintönigkeit bewirken höchste innere Spannung und Explosionsgefahr.

Da sie beruflich gerne aus dem Rahmen fällt und damit die offizielle Anerkennung verliert, muss sie früh genug lernen, sich diese selbst zuzuerkennen und nicht unnötig darauf zu warten, ob nicht doch noch die Masse erfasst, welch große Taten sie hier schließlich vollbringt. Eine andere Möglichkeit wäre es, ihre Vielgestaltigkeit aufzuteilen und gemeinsam in einem Team beruflich zu arbeiten.

Es ist wesentlich, Abstand zu ihren beruflichen Aufgaben, ihren Verpflichtungen, ihrem Ehrgeiz und der Strenge des inneren Vaters zu entwickeln. Sie muss von Mal zu Mal ihre eigenen Ordnungen und langfristigen Lebensplanungen sprengen, um wieder frei atmen und neuartige Erfahrungen möglich machen zu können. Andererseits benötigt sie auch feste Strukturen, die sie selbst aufbaut, als Basis für ihre Unabhängigkeit und den Ausdruck ihrer spontanen Anwandlungen.

In der Öffentlichkeit möchte sie gerne als in irgendeiner Weise außergewöhnlich und rebellisch, als eigenwillige

Persönlichkeit wahrgenommen werden.

Auch ihre Form des Ordnungssinns, was sie darunter versteht, weicht stark von der üblichen Betrachtungsweise ab.

3. Art des Ausbruchs

Planung und Realitätssinn

Bei dieser Konstellation sollte vor allem aus den eng einschnürenden Gesellschaftsformen, die lange als äußere Projektion für die innen lauernden gestrengen Stimmen mit den viel zu hohen Ansprüchen dienen, herausgesprungen werden, um sich mit Hilfe gerade dieser inneren Stimmen eine eigene Lebensstruktur und innere Autorität aufzubauen, die auch Freiheit und Menschlichkeit mit in ihre Pläne einbezieht. Die daraus entstehende Festigkeit muss immer wieder hinterfragt und bei dem entsprechend hohen Engegefühl durchbrochen werden, um Platz zu schaffen für eine neue Form des vorübergehenden Chaos und Durcheinander.

Die Art, wie sie das tut, ist geplant und mit Überblick. Sie stürzt sich nicht in ungewisse Veränderungsabenteuer, sondern bewahrt Ruhe und Realitätssinn, nimmt sich ihre Ausdauer und Belastbarkeit zu Hilfe und ihre Fähigkeit, sich auf die wesentlichen Anforderungen in dem Wandlungsprozess zu konzentrieren.

Sie springt weniger, als dass sie die Treppen nimmt, um Schritt für Schritt in eine neue Dimension vorzudringen. Wird dieser Prozess nicht bewusst in Angriff genommen, kommt es zu einem immensen inneren Stau und mehr als bei den anderen Uranus-Konstellationen zu crash-artiger Entladung (Knochenbrüche, Gelenkluxationen, Unfälle, Operationen).

4. Zukunftsvisionen und neue Lebensmodelle

Der Mensch mit eigenem Rückgrat in einer freien Gesellschaft

Hier wird eine Gesellschaft angestrebt, in der der Rahmen Freiheit und Vielgestaltigkeit heißt und nicht länger eine Konvention, nach der sich alle artig ausrichten. Die Orientierung soll nicht mehr nach außen gehen, sondern nach innen, an dem inneren Vater, der selbst in sich aufgebauten Festigkeit. Damit kommt es zur Konvention (Übereinkunft) zwischen innerer Matrix und Lebensart.

Die Gesellschaft soll die höchste Anzahl an Wahlmöglichkeiten bieten, um sich ausdrücken zu können, soll Abwechslung und "Artenvielfalt" demonstrieren, anstelle des kulturellen Einheitsbreis. Sie soll ein Abbild von Gemeinschaftssinn, Gleichberechtigung und Gleichheit werden, in dem jede Farbe, Form und Nuance als Bereicherung für das bunte Bild willkommen geheißen wird.

5. Lieblingsprojektionen

Gesellschaftsrevolutionäre; Ausgeflippte, Skandalöse in der Gesellschaft; Putschisten, Kommunismus.

Auf der körperlichen Ebene als Zeichen der passiven Manifestation:
Knochenbrüche, Luxationen, Unfälle, Operationen, Tuberkulose, Morbus Boek; Bandscheibenvorfall.

Konkrete Förderungen der Uranus/Saturn-Persönlichkeit

- Sich langsam einen sicheren, stabilen Freundeskreis aufbauen

- Sich auch selbst als zuverlässige Persönlichkeit bei Freunden und innerhalb einer Gruppe zeigen

- Ordnung, Kontinuität und Effektivität in eine Gemeinschaft oder seinen Freundeskreis einbringen

- Berufliche Teamarbeit

- Einen sehr vielgestaltigen, abwechslungsreichen Beruf oder in verschiedenen Berufszweigen gleichzeitig tätig sein

- Sich Berufswechsel zugestehen, wenn das Alte zu routinemäßig geworden ist

- Ihre eigenen, unmöglichen Lebensgesetze schreiben

- Ihre verrückten Seiten im Beruf und in der Position in der/gegen die Gesellschaft ausleben

- Eine chaotische, unregelmäßige Form von Ordnungssinn und Lebensordnung finden

- Die eigenen Strukturen und Stabilitäten selbst wieder durchbrechen

- Völlig neue, zukunftsweisende Gesellschaftsmodelle entwerfen

- Den Zusammenhang zwischen Freiheit und Verantwortung/eigene Festigkeit erkennen

- Den ungewöhnlichen Teil ihrer Lebensordnung

und beruflichen Arbeit selbst anerkennen und sich darin selbst bestätigen.

ÜBUNGEN J

1. Welche Ansprüche stellt eine Uranus/Saturn-Persönlichkeit an ihre Freunde und an Gemeinschaften, der sie sich zugehörig fühlt?

2. Wie stellt sie sich eine Gesellschaft vor?

3. Wie gelangt sie bei folgenden Konstellationen wieder zu mehr Freiheit? Wie bricht sie aus:
a. Uranus im Steinbock im 5. Haus?
b. Uranus im Steinbock im 12. Haus?
c. Uranus in Konjunktion zur Venus im Steinbock im 3. Haus?
d. Uranus in Konjunktion zur Sonne im 10. Haus?

11. URANUS – URANUS

Tierkreiszeichen Wassermann im 11. Haus
Uranus im Wassermann
Uranus im 11. Haus

Essenz

Freiheit, Distanz und Verrücktheit total.

Grundspannung

Keine

Selbstbild

Ich bin sehr explosiv und ausbruchsfreudig und kann spontan alte Strukturen hinter mir lassen, deshalb kann ich ein freies, unkonventionelles Leben führen.

1. Freundeskreis und Gemeinschaften

Freigeister

Für die Uranus/Uranus-Persönlichkeit ist der Aufenthalt und das Eingebundensein in einen Freundeskreis oder eine Gruppe Gleichgesinnter elementar. Sie bedarf dringend des überpersönlichen Engagements und der Zugehörigkeit in einer Gemeinschaft. Diese sollte sich durch extreme Abkehr von der Norm und aller Gewöhnlichkeit des Lebens auszeichnen. Besonders wichtig ist der Kampfschrei nach Gleichberechtigung und Befreiung, ist ein gemeinsames Feindbild, das diese geliebte Freiheit einzuschränken scheint. Bei näherem Hinsehen muss dieser äußere Feind bekanntlich als Projektionsfläche innerer Eingrenzer enttarnt werden, so dass letztendlich ein Bedürfnis nach Selbstbefreiung von inneren Schranken und Kontrollmechanismen sowie überholten Bindungen erwachen und gestillt werden muss.

Die Freunde der Uranus/Uranus-Persönlichkeit sollten sich als sehr spontan, sprunghaft und experimentierfreudig erweisen, als ständige Überraschungen und Abwechslungen in ihrem Leben, genauso wie sie selbst diese Eigenschaften als Freund und Gruppenmitglied an den Tag legen kann.

Bester Freundschafts- und Gemeinschaftsdienst ist daher: Aufregung, Visionen, Erfindergeist, Zusammengehörigkeitsgefühl, Hilfsbereitschaft und Vielseitigkeit einzubringen.

2. Distanz, Verrücktsein und Freiheit

Der rebellische Aufbegehrer

Die Uranus/Uranus-Persönlichkeit begehrt gegen jede Form der Einbindung und Einschränkung mit einer berstenden Explosion oder dem Aufwind zu ihrem Distanzwölkchen auf. Sie ist schwerlich einzufangen und festzunageln, was ihr gerne als mangelndes Einlassvermögen ausgelegt wird.

Da es jedoch nur darum geht, sich auf sich und nicht auf die obligatorischen Maßstäbe einzulassen, liegt sie mit ihrem Abheben und sich mit nichts und niemandem identifizieren zu wollen gerade richtig. Sie verfügt über eine durch und durch verrückte, nicht einpassbare Seite, die sie vor allem im Zusammensein mit Gleichgesinnten entwickeln und zeigen kann. Auch wenn sie so stark mit ihren Gemeinschaftskreisen verbunden ist, muss sie auch hier lernen, Abstand und ihre Freiheit zu bewahren.

3. Art des Ausbruchs

Explosiv

Der Ausbruch der Uranus/Uranus-Persönlichkeit ist absolut plötzlich und unberechenbar. Ist die innere Höchstspannung erreicht, macht es einen lauten Knall und die bisherige Lebensform ist zerbrochen. Vorwarnungen vor diesem Wirbelwind, der die Person wie auch ihre Umgebung durchfegt, gibt es nicht. Man muss stets damit rechnen, dass sie wegfliegt oder einem in ihrem Sturm mit umhaut, muss auf jede schöne wie auch unliebsame Überraschung gefasst sein.

Am empfindlichsten reagiert sie auf genormte Erwartungshaltungen und Einkerkerungen in langfristige Pflichten. Sie kann und will geben, aber nur freiwillig und aus der absoluten Freiheit heraus.

4. Zukunftsvisionen und neue Lebensmodelle

Die Welt in Freiheit

Hier herrscht die Vision vor, sich und damit die Welt ohne Ketten der Vereinheitlichung zu sehen, sondern in der Fähigkeit, eigene, ganz individuelle Konturen anzunehmen, von aller Verklemmung, Scham, Tabuhaftigkeit und Kontrolle frei zu sein und sich in seinem aus alten Strukturen herausgesprengten Sosein der Gemeinschaft zur Verfügung zu stellen.

Somit entsteht eine viel- oder besser noch all-gestaltige Gesellschaft, in der jede der unendlichen Arten an Menschsein eine erkennbare, zu Fleisch gewordene Umsetzung erhält.

Man bleibt nicht bei der Selbstverwirklichung hängen, sondern erfasst seine Eigenart als notwendigen Teil des Ganzen, lässt sie entsprechend einfließen und unterstellt sie damit den Belangen der Gemeinschaft.

5. Lieblingsprojektionen

Die ewig Pubertären, die gegen alles und jeden aufbegehren und nie erwachsen werden wollen; hyperemanzipatorische Bestrebungen.

Auf der körperlichen Ebene als Zeichen der passiven Manifestation:
Unfälle, Operationen, Strom-, Blitz-, Elektrizitätsschädigungen; Unterschenkelerkrankungen. Erkrankungen des ZNS.

Konkrete Förderungen der Uranus/Uranus-Persönlichkeit

- Jede Form von Gemeinschaften

- Einen vielgestaltigen Freundeskreis

- Unkonventionelle, erfinderische, hilfsbereite Freunde haben und auch selbst einer sein

- Gruppierungen, die sich Freiheit und den Bruch mit den Normen als Ziel gesetzt haben, die für gleiche Rechte kämpfen

- Spontan und plötzlich aus engen, einschränkenden Lebensformen herausspringen

- Das Leben als Experimentierfeld sehen und entsprechende Versuche starten, auch um seinen Visionen näher zu kommen

- Ihre Persönlichkeit den Zielen und Anforderungen einer Gemeinschaft unterstellen.

ÜBUNGEN K

1. Welche Gruppen ziehen die Uranus/Uranus-Persönlichkeit besonders an?

2. Welche Art von Freunden liegen ihr bei folgenden Konstellationen am besten:
a. Uranus im Wassermann im 6. Haus?
b. Uranus im Wassermann im Quadrat zum Mond im Skorpion?
c. Uranus in Konjunktion zur Venus im Stier im 11. Haus?

12. URANUS – NEPTUN

Tierkreiszeichen Wassermann im 12. Haus / TKZ Fische im 11. Haus
Uranus in den Fischen (Neptun im Wassermann)
Uranus im 12. Haus (Neptun im 11. Haus)
Aspekte zwischen Uranus und Neptun

Essenz

Freiheit, Distanz und Verrücktheit in seinem Anderssein, seiner Unangepasstheit, in seinen Träumen und deren Umsetzung.

Grundspannung

Loslassen, Weichheit, Auflösung --- Rebellion, Aufbegehren, Freiheitskampf
Verschmelzung, Aufgehen --- Distanz

Lösung

Freiheit durch verwirklichtes Anderssein und All-ein-sein. Möglichkeit zur Nichtanpassung und Unvernunft durch Ausbruch und Unabhängigkeit.

Wunde

In der Sehnsucht nach Freiheit steckenbleiben.
Von radikalen Veränderungen nur träumen und sich

betäuben, um nicht zu spüren, dass man immer noch in seinen Abhängigkeiten festhängt.

Extremer Abstand, Abgehobenheit von seinen Träumen (der Basis für Anderssein).

Heilung

Alte Strukturen auflösen, um zu Freiheit zu gelangen
Mit Hilfe seiner freien Lebensweise die Verwirklichung seiner Träume, seiner unangepassten Seite ermöglichen.

Selbstbild

Ich bin in Kontakt mit meiner unvernünftigen, alternativen Seite und verwirkliche meine Sehnsüchte und Träume, ich bin all-ein, daher kann ich ein freies, spontanes Leben führen.

1. Freundeskreis und Gemeinschaften

Anders als die anderen

Die Freunde der Uranus/Neptun-Persönlichkeit müssen sich weit von der Masse abheben und ihre völlig eigene, ungewöhnliche Lebensart an den Tag legen, müssen sich selbst erlöst haben von den Auflagen der Normalität und der Vernunft. Sie fühlt sich angezogen von Menschen und Gemeinschaften, die ihr Leben einer höheren Aufgabe unterstellen, in der Heilkunde, einem helfenden oder sozialen Bereich oder künstlerisch tätig sind. Jede Form an alternativer Note findet bei ihr Anklang und kann auch von ihr selbst eingebracht werden.

Ihre Freunde sollten sensibel für feine Schwingungen, phantasievoll und intuitiv sein wie auch an ihre Träume glauben und sie zu verwirklichen suchen. Sie wünscht sich Freunde und Gruppen, in denen sie sich nicht abzugrenzen braucht, sondern aufgehen, sich hineinbegeben kann, ohne aufpassen und vernünftig sein zu müssen. Sie möchte sich vollkommen gehen lassen, auch mal faul und nach offiziellen Maßstäben "unbrauchbar" sein können. Des Weiteren soll die Gruppe ihrem Bedürfnis nach Ruhe und gelegentlichem Rückzug, nach Alleinsein entgegenkommen.

Bester Freundschafts- und Gemeinschaftsdienst: Sensibilität, Auflösung von Normprägung und reiner Vernunft; sozialer Gedanke; Hintergrundarbeit; Integration von Außenseitern.

2. Distanz, Verrücktsein und Freiheit

Unvernunft

Hier bedarf es ab und an der Distanz von den inneren Bildern und Traumgebilden, von den sehnsuchtsvollen, sich verzehrenden Wünschen, um wieder klar sehen und nicht völlig in dem Gewirr und dem Nebel der Phantasien untergehen und zu verfilzen. Es sind aber auch genau diese abwegigen, space-haften Gefilde, die ihr das Gefühl der Freiheit vermitteln, der Loslösung von aller Materie und den Verhaftungen in dieser Welt. Sie benötigt sehr viel Freiraum, um sich diesem Abrücken von rationellen und analytischen Überlegungen, von aller Zweckorientierung hinzugeben und damit alle Ordentlichkeit und Stockungen aufzuweichen und aufzulösen und sich herauszukatapultieren aus der artigen, vernünftigen Welt des Alltags.

Sie verfügt über eine sehr abgedrehte, verrückte Seite, die

keinerlei Kontakt mehr zu den irdischen Belangen und Verbindungen hat und sich vollkommen neuen Dimensionen öffnen kann, Visionen entwickelt, die das bisherige Weltbild völlig aus den Angeln hebt.

Sie ist in der Lage, in den neptunischen Bereichen wie Heilen und Kunst vollkommen mit den bisherigen Methoden und Sichtweisen zu brechen und neue Wege zu weisen.

3. Art des Ausbruchs

Im Nebel

Die Ausbrüche der Uranus/Neptun-Persönlichkeit sind wenig spektakulär, sondern ähneln eher einer Nacht- und Nebelaktion, einem Entweichen aus zu geordneten, einschnürenden Verhältnissen. Sie verhält sich dabei tatsächlich wie ein Fisch, der einem umso schneller entgleitet, je mehr man ihn (hier: in der Vergangenheit und der verkrusteten Lebensnorm) festhalten möchte.

Die Revolution ist sanft, wird durch unterminierende Kräfte herbeigeführt. Hier wartet man umsonst auf den explosiven Knall, sondern es findet ein fließender Übergang zwischen alter Vergangenheit und neu gestalteter Zukunft statt, unauffällig, aufweichend, auflösend, mit Hilfe ihrer endlosen Phantasie.

Sie hält sich bedeckt, verschwindet, ist nicht greifbar in der Phase der rebellischen Veränderung, des progressiven Sprungs in eine neue Lebenszeit. Hilfreich können Drogen, Trance, Meditation oder andere spirituelle Übungen sein, um sich herauszuheben und neue Wege beschreiten zu können.

4. Zukunftsvisionen und neue Lebensmodelle

Eine Welt voller Sensibilität und All-einsein

Die Uranus/Neptun-Persönlichkeit wünscht sich eine Welt, in der es ohne Härte und gegenseitiges Abgrenzvermögen zugeht, sondern ein ständiges Fließen und Ineinanderaufgehen stattfindet. Entweder man begegnet den Mitmenschen wie auch jedem lebendigen Wesen mit Sensibilität und verschmilzt mit dem Gegenüber oder aber man zieht sich zurück und findet die Wiederanbindung an die größere Einheit aus der innersten Verbindung zu seinem Wesenskern heraus.

Der Umgang miteinander wird recht blauäugig betrachtet und herbeigesehnt. Jeder meint es gut mit dem anderen und die Welt besteht aus Mitgefühl und gegenseitigem Helfen und aus sozialen Betätigungen.

Wesentlich sind weiterhin die Selbsterlösung von aller Vernunft und die Selbstrettung aus der rein materiellen und vernünftigen Lebensorientierung durch die Realisierung seiner alternativen, unvernünftigen Wesensanteile.

5. Lieblingsprojektionen

Verträumte, unrealistische, lebensferne Revolutionäre; unehrliche, betrügerische, immer irgendwie abwesende, nicht greifbare Freunde; unzuverlässige, weltfremde Gemeinschaften.

Auf der körperlichen Ebene als Zeichen der passiven Manifestation:
Unterschenkelerkrankungen (z.B. Auflösungen, Lähmungen); Erkrankungen des Fußes (Nerven, Verstauchung); allg. Nervenlähmungen; Korsakow-Syndrom (Endstadium Alkoholismus).

Konkrete Förderungen der Uranus/Neptun-Persönlichkeit

-   Einen Freundeskreis aus alternativen, mystischen, heilenden, künstlerischen, abgedrehten Menschen aufbauen

-   Außenseiter-Gemeinschaften aufsuchen

-   In Gemeinschaften mit neptunischen Inhalten eintreten

-   Ihre Sensibilität und Fähigkeit zu Auflösung und Verwirrung, um alte Strukturen zu zerstören, bei Freunden und Gruppen einbringen

-   Gruppen, in denen sie ihre Ruhe hat und sich nicht ständig abzugrenzen braucht

-   Ihre Freiheit in ihrer Unvernunft und Abkehr von den Alltäglichkeiten des Lebens sehen und gewinnen

-   Sanfte Revolutionen ohne Lärm und Aufsehen anzetteln in sich und mit anderen zusammen

-   Ausbrechen mit Hilfe von verwirklichtem Anderssein, Spiritualität, Drogen, Flucht, Verschwinden, Betrug, Selbstheilung, Selbsterlösung, Selbstrettung, Trance, Meditation

-   Ihren Beitrag leisten für eine sozialere, unvernünftigere, sensiblere und geheiltere Welt.

ÜBUNGEN L

1. Welche Gemeinschaften sind für die Uranus/Neptun-Persönlichkeit besonders geeignet?

2. Wie kann bei folgenden Konstellationen am besten mit der Vergangenheit und einschränkenden Lebensformen gebrochen werden:
a. Uranus in Konjunktion zu Neptun im 9. Haus?
b. Uranus in den Fischen im 7. Haus?
c. Uranus in den Fischen im Trigon zur Sonne im Skorpion?
d. Uranus im Krebs im 12. Haus?

3. HEIMKEHR IN DIE ESSENZ
DER AHNEN

Energieöffnungsübung

Wählen Sie eine wesentliche Uranus-Konstellation heraus, die in Ihrem Horoskop und dem Ihres Vaters oder Ihrer Mutter vorkommt, möglichst eine Konstellation mit einem persönlichen Planeten, also Uranus/Sonne, Uranus/Mond, Uranus/Merkur, Uranus/Venus, Uranus/Mars, je nachdem, was auf Sie zutrifft. Es kann aber auch jede andere Uranus-Konstellation sein, die eine wichtige Rolle in Ihrem Leben spielt. Wenn Sie wollen, können Sie auch die Horoskope der Vorfahren Ihrer Eltern ausfindig machen und nachsehen, wo diese Energie innerhalb der Ahnenreihe noch fließt und von wem das ausgewählte Elternteil ihrerseits ihre Energie erhält. Selbstverständlich können Sie die Übung auch mit allen anderen übereinstimmenden Uranus-Konstellationen durchführen:

Wählen Sie sich einen Ort und einen Zeitraum aus, an dem Sie sicher ungestört sind. Stellen Sie sich bequem hin und stellen Sie sich die ausgewählte Uranuskraft als Energiekugel in sich und dem gewählten Elternteil, das hinter Ihnen steht, vor und wie ein Energieband diese beiden Kugeln verbindet. Sie spüren, wie Sie von diesem Band schon immer mit dieser Art der Uranuskraft versorgt und genährt werden und auch auf immer versorgt sein werden.

Spüren Sie den ständigen Strom der Uranus-Energie, wie er von Ihrem Vater bzw. Ihrer Mutter in Ihre Energiekugel einfließt. (wenn Sie wollen, können Sie sich auch die verkörperte Uranuskraft aus früheren Generationen vorstellen, die in einer Linie hinter dem Elternteil stehen, und von denen die Kraft zu Ihrem Vater/Ihrer Mutter fließt und diese wiederum versorgen, unabhängig davon, ob diese vorhergehenden Ahnen noch leben oder nicht).

Bleiben Sie in aller Offenheit und Aufnahmebereitschaft, in dem Gefühl der Verbindung und Verbundenheit und des Versorgtseins.

Wenn Sie möchten, können Sie sagen: Dir/Euch zu Ehren mache ich etwas aus dieser Energie, auf meine Weise. Und gehen Sie in Gedanken mit diesem Gefühl ein paar Schritte nach vorne, versorgt und doch völlig eigenständig in Ihrer eigenen Umsetzung dieser Uranus-Kraft.

Wenn die jeweilige Energie von Ihnen bei dem Elternteil oder einem anderen Vorfahr als sehr negativ erlebt wird, können Sie sich auch umdrehen und sagen: „Ich gebe Dir die Ehre (dabei verbeugen Sie sich). Ich achte die Form, wie Du die ....-Energie lebst, und lasse sie bei Dir, in Liebe und Respekt. Ich lebe sie in meiner Weise. Bitte schaue freundlich auf mich und gib mir Deinen Segen." Drehen Sie sich wieder um mit dem Blick nach vorne. Gehen Sie mit der Vorstellung, Ihren eigenen Weg zu gehen, mehrere Schritte nach vorne.

Machen Sie sich ein Bild davon, wie diese eigene Form aussehen soll.

Bedenken Sie, dass diese Übung eine tiefe Wirkung auf Sie ausüben kann und geben Sie sich deshalb genügend Zeit, bis Sie sie mit dem anderen Elternteil oder einer weiteren Uranuskraft wiederholen.

4. WEITERES ZUSATZWISSEN

TECHNISCH UNTERSTÜTZTE NATURHEILWEISEN/ELEKTROTHERAPIE

1. Elektro-Akupunktur

Bei der Elektroakupunktur nach Dr. Voll werden nicht nur die Akupunkturpunkte ausgeglichen wie bei der traditionellen Akupunktur mit Nadeln (nur dass hier mit Elektroden gearbeitet wird, die feine Stromstöße an den Körper weiterleiten), sondern es wird durch die Messbarkeit des elektrischen Potenzials dieser Punkte auch eine Diagnose möglich (zu hohes oder zu niedriges Potenzial wird gemessen und durch entsprechende Stromimpulse wieder in den Normbereich hinein ausgeglichen).
  Dadurch dass krankes oder funktionsgestörtes Gewebe eine andere Leitfähigkeit innehat als gesundes, können genaue Diagnosen gestellt werden, auch dann schon, wenn es noch nicht zur Manifestation einer energetischen Störung auf körperlicher Ebene gekommen ist. Das ermöglicht eine Verhinderung der Somatisierung, da man um die Schwachstellen weiß und somit diese mit Hilfe der Akupunktur wie auch der notwendigen seelisch-geistigen Veränderungen behandeln kann. Eine aufkeimende Erkrankung kann schon im Vorfeld erfasst werden und braucht nicht mehr unbedingt zum Ausbruch gelangen.

2. Bioresonanztherapie

Bei dieser Therapieform wird mit einem Gerät gearbeitet, das feinstoffliche Schwingungen aufnehmen, verändern und wieder aussenden kann. Es wird ein Kreislauf hergestellt, vom Gerät hin zu einer Metallplatte und wieder zurück zu dem Gerät, wobei der Patient speziell gesteuerte elektronische Schwingungen über Hände oder Füße, je nachdem wodurch der Körperkontakt mit der Platte hergestellt wird, aufnimmt, die Einfluss auf seinen fein- und damit auch grobstofflichen Körper haben.

Den Anfang macht eine energetische Analyse, indem man mit einem Metallstift die Fingerakupunkturpunkte in Verbindung mit einem kleinen Messgerät daraufhin überprüft, ob sie überreizt, also zu hochenergetisch, sind oder unter dem normalen Energieniveau schwingen. Das Bioresonanztherapiegerät kann dann die gesamten Schwingungen dieses Menschen aufnehmen und verändert, harmonisiert wieder abgeben. Es schwächt dabei die überdimensionalen Energieschwingungen ab oder regt die unterschwelligen Schwingungen an, so dass letztendlich wieder die ursprüngliche, gesunde Schwingung im Wesen des behandelten Menschen entsteht.

Schlägt eine Energieströmung z.B. viel zu hoch nach oben aus, so bildet das Gerät eine genauso aussehende Gegenkurve im unteren Bereich, die die Person empfängt und durch die wieder eine normale Frequenz hergestellt wird.

Neben dieser ausgleichenden Behandlung bietet die Bioresonanztherapie ähnlich der Elektroakupunktur noch andere Anwendungsmöglichkeiten:

- Narbenbehandlungen
- Austestung des Grades an schädlicher Beeinflussung durch Fehlströmungen im Mund aufgrund von Amalgamfüllungen bzw. einer Mischung von verschiedenen Metallarten im Gebiss
- Austestung der schädlichen Beeinflussung von Strahlen im Wohnbereich
- Austestung von Medikamenten

- Austestung von Allergenen.

3. Farbtherapie

Die Wirkung der Farb-Bestrahlungstherapie beruht auf ihren verschiedenartigen Schwingungsfrequenzen, die einerseits anregend (z.B. rot) oder auch beruhigend (z.B. blau) sind.

Es gibt zwei grundlegende Möglichkeiten ihrer Anwendung:

- Die Ganzkörperbehandlung, durch die entsprechende Farbgestaltung in einem Raum (Wohnraum, z.B. auch eines Krankenzimmers) oder die Bestrahlung mit Hilfe einer Farblampe oder eines über dem liegenden Körper befindlichen großen farbabstrahlenden Gerätes.

- Die punktuelle Behandlung, bei der gezielt Regionen oder Energiepunkte des Körpers konzentriert bestrahlt werden, z.B. Chakren, Akupunkturpunkte oder die Reflexzonen an Händen und Füßen.

Für beide Versionen können Lampen angewandt werden, die durch das Einschieben verschiedener Farbplatten die gewünschte Therapiefarbe abgeben. Ebenso gibt es Geräte, die punktförmige Farbstrahlungen bewirken.
Gleichfalls bekannt und selbst im schulmedizinischen Bereich angewandt werden Bestrahlungen mit UV-Licht bei Hauterkrankungen oder mit Infrarotlicht zur Durchwärmung bei schmerzhaften Nervenentzündungen. Farbtherapie ungeachtet der Elektronik kann außerdem durch Visualisierungsübungen mit Farben, besonders bei der Chakra-Arbeit gemacht werden.

4. Kirlian-Fotografie

Hierbei handelt es sich um eine feinstoffliche Diagnoseme-
thode, bei der die energetische Abstrahlung des Körpers in
einem Bild festgehalten werden kann.
Durch das Auflegen der Hände oder Füße des Patienten auf
eine Metallplatte können Energiefluss und Energiesto-
ckung erfasst und fotografisch abgebildet werden.
Die Methode dient auch zum Beweis der Wirkung fein-
stofflicher Heilweisen wie Reiki oder Blütentherapie.

5. Weitere Methoden

Eine weitere Methode der Elektrotherapie stellt die Anwendung von Kurzwellengeräten dar, bei denen die abgegebe-
nen Stromimpulse beispielsweise bei Muskelverspannun-
gen, zur Unterstützung von Muskelaufbau nach Knochen-
brüchen oder bei schmerzhaften Nervenentzündungen als
Wärmetherapie zum Einsatz gebracht werden.

ASTROLOGISCHE GRUPPENSEMINARE

Astrologische Gruppenseminare können grundsätzlich auf
zwei Weisen durchgeführt werden:

1. Wissens-Seminare

Das Seminar dient ausschließlich der Übermittlung des astrologischen Wissens. Es ist allein auf Vortrag und Fra-
gen/Antworten beschränkt.

2. Tiefenpsychologische Seminare

Bei den tiefenpsychologischen Seminaren, wie sie in der Angewandten Astrologie vorgeschlagen werden, verbindet man wie in der Einzelberatung jegliche Form von Therapie mit den astrologischen Lebensthemen. Hierzu nochmals eine Zusammenfassung:

Mars

Körpertherapie, körperorientierte Meditationen, Yoga.

Stier-Venus

Sanfte Körperarbeit, sinnlich, genussvoll, sanfte tantrische Übungen; sich und andere verwöhnen; Naturverbundenheit (ggf. Übungen im Freien).

Zwillinge-Merkur

Gesprächsrunden, Poesietherapie; Neurolinguistisches Programmieren; Atemtherapie, Arbeit mit Mantras.

Mond

Raum für Empfindungen; sanftes emotional release; Primärtherapie; innere Kind-arbeit; Transaktionsanalyse; systemische Familientherapie/Aufstellungen.

Sonne

Rollenspiele; Gestalttherapie; Königsein heraufbefördern;
Kunsttherapie.

Jungfrau-Merkur

Klare Analysen; Reinigung (Psychohygiene; Reinigungs-
visualisierungsübungen; Sauna, Fasten).

Waage-Venus

Beziehungsmuster aufdecken; mit Kunst arbeiten, Manda-
las malen.

Pluto

Wiederverbindung mit dem Verdrängten -- alle Methoden,
die ins Unterbewusste führen wie Atem, Körper, Trance,
Kunst; Schamanismus; innere Alchemie.

Jupiter

Jede Form von Bewusstseinserweiterung; Glück- und Er-
füllungsfaktoren erkennen, religiöse Rituale; Kontakt
zum/r inneren Führer/in finden.

Saturn

Osteopathie, craniosacrale Therapie, Alta major;

Gelenklockerungsübungen; Körperübungen für Beweglichkeit.

Uranus

Freiheitsfaktoren klären; Kundalini-Übungen (Kundalini-Meditation, Kundalini-Yoga); den inneren Zeugen kennenlernen und seine Rolle spielen.

Neptun

Feinstoffliche Heilweisen; Phantasiereisen; Kunst.

Chiron

Innere Heilkräfte, die ganz tiefe innere Wunde aufspüren und die dafür im Inneren ebenfalls vorhandene Heilkraft erkennen und aktivieren.

Mondknoten, karmische Astrologie

Reinkarnationstherapie (auch den anderen Energien zuordenbar), Karma-Arbeit.

Lilith und die Asteroiden

Die andere Weiblichkeit wieder in Erinnerung rufen (alle Therapieformen, Rituale).

Es versteht sich von selbst, dass man die Vorschläge, die

unter Therapie laufen, nur bei entsprechender Ausbildung selbst betreibt. Ansonsten ist man in der Lage, eine der Natur des Klienten adäquate Therapieform zu empfehlen und ihn an einen entsprechend ausgebildeten Therapeuten zu verweisen.

5. URANUS-ANALYSE UND –SYNTHESE VON ELISABETH TAYLOR

Geboren am 27.02.1932, 2.00 Uhr GMT, London

☉	07°16'31	♓
☽	15°26'44	♏
☿	07°26'21	♓
♀	17°08'32	♈
♂	01°33'34	♓
♃	15°10'49 r	♌
♄	00°18'33	♈
♅	17°03'28	♈
♆	06°35'46 r	♍
♇	20°12'33 r	♋
☊	26°17'18	♓
⊗	29°21'28	♓
⚸	19°06'25	
☽	22°38'01	
Ac	07°31'41	
Mc	06°02'15	
?	10°04'29	
?	12°28'21	
?	24°02'58	
?	18°59'31	

H2	13°08'09 ♑	H3	28°08'59 ♒	H11	02°25'23 ♏	H12	21°41'35 ♏

I. ANALYSE

1. Basis 11. Haus

1. Es steht das Tierkreiszeichen Skorpion im 11. und 12. Haus.
2. Kein eingeschlossenes Zeichen.
3. Im 11. Haus steht ein Skorpion-Mond, der aus dem 8. Haus kommt.
4. Das Aktionsfeld des Herrschers von 11 und 12 Pluto befindet sich im Krebs im 8. Haus.
5. Aspekte Pluto: Anderthalbquadrat Sonne, Trigon Mond, Anderhalbquadrat Merkur, Quadrat Venus, Anderthalbquadrat Mars, Quadrat Uranus, Halbquadrat Neptun, Quadrat Lilith, Trigon Vesta, Sextil Chiron, Anderthalbquadrat AC.

2. Basis Wassermann

1. Das Tierkreiszeichen Wassermann steht im 3. Haus.
2. Im 3. Haus stehen ein Fische-Mars, eine Fische-Sonne, ein Fische-Merkur, eine Fische-Vesta, der Fische-Nordknoten.
3. Das Aktionsfeld des Herrschers Uranus befindet sich im Widder im 4. Haus, wo sich die Gesamtheit des 3. Hauses in erster Linie niederschlägt.

3. Weitere Unterstützungen der Uranuskraft

1. Saturn steht im Wassermann.
2. Die Basis von Saturn befindet sich im 2. Haus.
3. Aspekte des Saturn: Sextil Nordknoten und Glückspunkt.

4. Aspekte des Uranus

1. Aspekte des Uranus: Quinkunx Mond, Konjunktion Venus, Halbquadrat Mars, Trigon Jupiter, Quadrat Pluto, Konjunktion Lilith, Quadrat Juno.

5. Das Personar

6. Status quo und Prognose je nach Zeitraum

II. SYNTHESE

Elisabeth Taylor hat schon ihre liebe Müh' mit dem Kampf zwischen Bindung (Pluto) und dem Zerschneiden derselben (Uranus), zwischen totalem Auffressen und dem Bedürfnis nach absoluter Freiheit - ein Kampf oder eine starke innere Spannung, die sich insbesondere in ihrer Mond- und Venus-Konstellation zeigt und durch das Quadrat zwischen Pluto und Uranus noch verstärkt wird.

Im 11. Haus stehen Skorpion, ein Skorpion-Mond im Trigon zu einem Krebs-Pluto in 8 und eine Krebs-Juno Ende 7. Haus, gleich wieder aufgehoben durch den Uranus in 4 und den Mond-Uranus-Quinkunx. Bei der Venus sieht es nicht besser (harmonischer) aus: sie steht in Konjunktion zu Uranus (und Lilith!), und gleichzeitig im Quadrat zu Pluto. Was tun?

Ich finde, dass es ihr gelingt, beiden Seiten gerecht zu werden, wenn auch bestimmt unter größten Schmerzen. Sie wählt sich intensive Partnerschaften, siehe vor allem ihre zweimalige Ehe mit Richard Burton, lebt Pluto in aller Leidenschaft und beendet - mal aktiv, mal passiv - das Ganze mit einem sauberen Bruch, einer Scheidung. Insgesamt war sie bisher wohl acht Mal verheiratet, womit sie ihrer Venus/Lilith/Uranus-Konjunktion alle Ehre macht, und ist doch immer wieder bereit, sich voller Engagement, Temperament und Hoffnung, voll all ihrer Intensität und Tiefe in die nächste Beziehung zu werfen, bereit, alles zu geben und auch alles wieder genommen zu bekommen.

Sie ist eine sehr stark plutonische Frau, die sich auch eher mit dieser ihrer Seite identifiziert und festhält, bis der Schnitt eben kommt und sie sich nach einer Wandlungsphase voller Schmerzen (auch Venus-Lilith-Konjunktion), auch oft in Verbindung mit Alkoholproblemen (Sonne, Merkur, Mars in den Fischen, Skorpion in 12, was dem Ganzen noch eine sehr selbstzerstörerische Note gibt), wie ein Phönix aus der Asche wieder erhebt und nach ihrem nächsten Opfer giert (Venus im Widder), doch immer auch mit Gefühl (Venus in 4).

Sie hat keine Hemmungen, sich mit einem Bauarbeiter zu vermählen, den sie bei der Entziehungskur kennengelernt hat, die Meinung der anderen ist ihr bei der Partnerwahl völlig egal, vielleicht macht es auch Spaß, die anderen vor den Kopf zu stoßen (Venus/Uranus).

Wassermann steht im 3. Haus, das Zeichen Fische und damit ihre Fische-Planeten eingeschlossen. Sie versteht es, sich unkonventionell darzustellen, verbal sicher immer wieder mit Überraschungen aufzuwarten oder sich mit Worten für überpersönliche Angelegenheiten zu engagieren (AIDS-Hilfe etc.), was mit ihrem Nordknoten in den Fischen in 3 auch ihre karmische Aufgabe darstellt.

Mit diesem geistigen Background springt der Herrscher Uranus ins 4. Haus und verwehrt ihr ewig dauernde Gefühlsverbindungen. Der innere Kampf tobt zwischen dem Gefühl und der Liebe für alle Zeiten (Mond- und Venus-Pluto), dem gleichzeitigen Drang nach Unabhängigkeit und Distanz (Uranus) und den urweiblichen Ansprüchen Liliths (in Konjunktion zu Venus und Uranus) und wird durch die

Position des IC und Uranus im Widder noch verschärft.

Sie will eine originelle, emanzipierte (im besten Sinne), freie Frau sein und gleichzeitig den anderen für immer in ihre schwarzen Fänge bekommen und darin umklammert halten, was stets auch die Umklammerung der eigenen Person in diesem Geschehen beinhaltet. Macht und Freiheit in ein und derselben Frau, die sich alles herausnimmt, die umgarnen kann bis zum bitteren Ende und sich auch noch die Freiheit nimmt, ihren Tod selbst zu bestimmen und zu gestalten (mit dem Biss einer Giftschlange), symbolisiert Kleopatra, um eine von Liz Taylors Hauptrollen zu nennen. Hier sind Pluto und Uranus mit einem Schuss Lilith in einer Frau total vereint.

Der einzige Planet im Wassermann ist Saturn, was einerseits für eine ständige Spannung zwischen Festigkeit und Bruch oder aber die manifestierte Freiheit, der freie Beruf und die Fähigkeit, zu starre Strukturen selbst wieder zu sprengen, stehen kann. Ihre Stabilität im Leben beruht auf ihrer unkonventionellen Note, oder - wenn sie sich befreien will und Abstand braucht, bietet sich dafür am besten ihr Beruf an.

Elisabeth Taylor kann als großes Beispiel genommen werden für eine Frau, die die gesamte Palette Menschsein gemäß ihrem Horoskop und damit ihrem Potenzial zu spielen weiß, von der souveränen, starken, machtvollen, intensiven Frau, die sicher in ihren Partnerschaften alles erlebte, was eine Pluto/Uranus-Spannung zu bieten hat, die selbständig und frei ist und dennoch auch ihre Schwächen und Schmerzen vor aller Augen zeigt, die emotional total ist und dennoch auch aus der üblichen Mutterrolle herauszuspringen weiß (einige ihrer Kinder hat sie adoptiert und damit eine recht große und bunte Familie geschaffen), die anscheinend verstanden hat, dass das Leben zum Genießen und Leiden, zum Erfühlen und Erfahren auf allen Ebenen und in allen Schattierungen, zum Aufbauen und wieder

Zerstören, zum sich verbinden und sich auch wieder zu lösen, zum Leben, um auch immer wieder zu sterben, da ist. Für diese Totalität gebührt ihr Respekt.

6. ANALYSEBOGEN
WASSERMANN - URANUS

Grundeigenschaften

Spontaner Ausbruch aus zu engen Strukturen
Freiheitsdrang und Distanz
Gleichberechtigung unter seinen Persönlichkeitsanteilen
Teamgeist und Gemeinschaftssinn

1. Basis 11. Haus

1. Welches Tierkreiszeichen steht im 11. Haus?
2. Kommt ein eingeschlossenes Zeichen im 11. Haus zur Basis hinzu?
3. Stehen Planeten im 11. Haus?
Aus welchem Haus kommen sie, d.h. welche Basis von ihnen muss entwickelt werden?
4. Wo ist das Aktionsfeld des Herrschers des 11. Hauses? D.h. wo schlägt er sich in erster Linie nieder?
5. Welche Aspekte wirken auf ihn? D.h. mit welchen Planeten muss er zusammenarbeiten?

2. Basis Wassermann

1. In welchem Haus steht das Tierkreiszeichen Wassermann?
2. Welche Planeten stehen in diesem Haus?
3. Wo ist das Aktionsfeld der aktiven Instanz Uranus als Herrscher des TKZ Wassermann, d.h. wohin geht er mit den sich in diesem Haus befindlichen Planeten? Wo übt

demnach die zweite Basis ihren stärksten Einfluss aus?

3. Weitere Unterstützungen der Uranuskraft

1. Welche Planeten stehen im TKZ Wassermann?
2. Wo ist deren Basis, die zu ihrer Stärkung aufgebaut werden muss?
3. Welche Aspekte beschreiben sie?

4. Aspekte des Uranus

1. Welche Planeten wirken durch Aspekte auf Uranus ein? Mit wem muss er demnach für seine Entfaltung Kompromisse schließen?

5. Das Personar des Uranus

1. Wie sieht das eigene Horoskop des Uranus aus?

6. Status quo und Prognose

1. Welche Planeten wirken zurzeit auf die Uranuskraft im Horoskop ein (Transite)?
Wo steht der Solar-Uranus für dieses Jahr?
Welche wesentlichen Aspekte bestehen zwischen Solar-Uranus und Radix (Orbis 2 Grad)?
Welche wesentlichen Transite wirken auf den Solar-Uranus ein (von Transit-Jupiter bis Transit-Pluto)?
5. Wo steht der progressive Uranus zurzeit?
Bestehen Aspekte zwischen dem Radix-Horoskop und dem progressiven Uranus (Orbis 1 Grad)?

Welche wesentlichen Transite wirken auf den progressiven Uranus ein (von Transit-Jupiter bis Transit-Pluto?

7. WASSERMANN-URANUS – FRAGEBOGEN

SELBSTANALYSE

Erstellen Sie Ihre Uranus-Analyse gemäß dem Analysebogen.

1. Freundeskreis und Gemeinschaften

Malen Sie jeweils ein Bild mit der rechten und der linken Hand zu dem Thema FREUNDE in Ihrem Leben. Benennen Sie diese Bilder.

Machen Sie danach eine Assoziationsreihe von A bis Z zum Thema Freunde. Achten Sie besonders auf die ungewöhnlich und überraschend erscheinenden Worte, die Ihnen in den Sinn kommen.

Fassen Sie für sich das Ergebnis beider Aufgaben kurz zusammen.

Von welchen Menschen und Gruppen fühlen Sie sich gewöhnlich in diesem Lebensbereich (Freunde) angezogen?

Wie sieht diese Auswahl gemäß Ihrer Uranusanalyse aus?

Welche Bedeutung hatten Freunde und Gemeinschaftssinn in Ihrer Herkunftsfamilie?

Welchen Stellenwert haben diese nun heute in Ihrem Leben?

Was bekommen Sie zurzeit von Ihren Freunden am meisten gespiegelt?

Was bringen Sie Ihrer Meinung nach am meisten in Ihre Freundschaften ein? Worin liegen Ihre besonderen Werte als Freund/in?

Wenn Sie mit diesem Lebensbereich nicht zufrieden sind, wie würden Sie konkret Ihren Wunsch, Ihr Ziel formulieren?

Wie können Sie dieses angehen und die ersten Schritt in die gewünschte Richtung gehen?

2. Distanz, Verrücktsein und Freiheit

Wie würden Sie den Freiheitsgrad Ihres derzeitigen Lebens einstufen? Gehen Sie dazu jeden von Uranus berührten Bereich durch.

Wie sah der Freiheitsgrad auf diesen Gebieten bei Ihnen früher zuhause aus?

Inwieweit lassen Sie in diesen Bereichen Spontaneität und verrückt erscheinende, plötzliche Anwandlungen zu?

Wann haben Sie sich zum letzten Mal darin wirklichen Abstand und das Abheben über die Wolken von Bindung, Pflicht und Gewohnheit erlaubt?

Was können Sie konkret für das "Sich-Ausklinken" und Luftholen tun, falls Sie sich eingesperrt fühlen sollten?

Wie sehen Ihre konkreten Ventile aus, wenn Sie in Ihren Uranusgebieten innerlich unter Spannung und Druck, unter Explosionsgefahr stehen?

Welche Bocksprünge bis hin zu skandalösen Aktionen fallen Ihnen ein, die Sie unter Ausschluss der Öffentlichkeit (des inneren und äußeren Saturn) gerne tun würden?

Was würden Sie in Ihren Uranus-Bereichen am liebsten sofort sprengen, um in neue Gefilde, Dimensionen, Erfahrungen eindringen zu können?

Was (oder genauer welcher Teil in Ihnen) spricht dagegen?

Malen Sie sich in Ihrer Phantasie ein Bild der höchstmöglichen Freiheit für jedes Ihrer Uranus-Gebiete aus und werden Sie dabei so konkret als möglich.

Stellen Sie diese Endziele namentlich zusammen.

Erstellen Sie zu jedem Endziel eine Liste, wie Sie es schrittweise oder in einem Sprung erreichen können.

3. Art des Ausbruchs

Lassen Sie spontan ein Bild in Ihnen auftauchen, 1. was Ausbruch für Sie bedeutet und 2. wie Sie ihn normalerweise bewerkstelligen.

Wie können Sie gemäß Ihrer Erfahrung am besten aus zu festgefahrenen, hemmenden oder beengenden Situationen herausspringen?

Was sind Ihre Methoden bisher gewesen?

Wie sehen Ihre Methoden gemäß Ihrer Uranusanalyse aus?

Was könnten Sie hier noch bewusster als Hilfe für notwendige Umstürze in Ihrem Leben entwickeln?

4. Zukunftsvisionen und neue Lebensmodelle

Welche unkonventionellen Modelle könnten Sie sich für Ihre Uranus-Gebiete vorstellen?

Was könnten Sie davon selbst in die Tat umsetzen?

Weitere Fragen zur Selbstanalyse, nachdem Sie die Beziehungs- und Familienanalyse abgeschlossen haben:

Welche Uranuskonstellationen haben Sie mit den analysierten Personen gemeinsam?

Wie werden diese jeweils von der Person umgesetzt?

Wo leben Sie Teile Ihrer Konstellation in Projektion und wie könnten Sie diese wieder zurücknehmen?

Welche Uranusverbindungen existieren im Partnervergleich (Synastrie) zwischen Ihnen und Ihren Eltern?

Welche Auswirkungen zeigen/zeigten diese?
BEZIEHUNGS- UND FAMILIENANALYSE

Beantworten Sie folgende Fragen (bitte nicht am gleichen Tag) für A) Ihre Mutter, B) Ihren Vater, C) einen wichtigen Partner und D) eine/n enge/n oder zurzeit besonders wichtige/n Freund/in:

Erstellen Sie zuerst jeweils eine Uranusanalyse.

1. Zu welcher Art von Freunden und Gemeinschaften fühlt sich diese Person gewöhnlich in ihrem Leben hingezogen?
Was sind ihre grundlegenden Erfahrungswerte?
Wie sieht dieses Thema aus astrologischer Betrachtung her aus?
Was würden Sie ihr als Anregungen oder Veränderungen empfehlen?

2. Wo liegen die Bereiche, in denen diese Person am besten ihre spontane und verrückte Seite zum Vorschein bringen kann, den Narr und Chaoten in sich?
Wie verleiht sie ihm zurzeit am meisten Ausdruck?
Was würden Sie vorschlagen, wie sie ihm eine noch bessere Bühne geben könnte?

Wie feiert sie ihre Freiheit und die Möglichkeit zu Abstand und Ungebundenheit auf ihren Uranus-Gebieten?
Wo würden Sie sie anregen, mal wieder zu springen und mehr Farbe und Buntheit zuzulassen oder selbst hineinzubringen?

3. Wie bricht diese Person aus zu engen, verstaubten Lebensbereichen aus?
Wie könnten Sie ihr dabei aus Ihrem astrologischen Wissen heraus mit einem Ratschlag unter die Arme greifen, um noch sprung- und experimentierfreudiger zu werden und

mit mehr Freiwilligkeit mit der Vergangenheit zu brechen?

4. Wie könnten neue Lebensmodelle für diese Person gemäß ihren Uranuskonstellationen aussehen?

ANREGUNG ZUR STÄRKUNG DER URANUSKRAFT

Jede Form von Sprüngen, bei denen Sie den real anliegenden Sprung in Ihrem Leben sich vorstellen können, angefangen vom Sprungbrett im Schwimmbad bis hin zum Fallschirmsprung, wie auch jede Form des Fliegens (Drachen, Gleitschirm, Flugzeug).
Wählen Sie eine bestimmte Handlungs- oder Reaktionsänderung, die einen Ihrer Uranus-Bereiche betrifft, den, in dem Sie sie sich zur Zeit am wenigsten frei fühlen, und führen Sie diese Änderung versuchsweise, rein als Experiment, für die nächsten 21 Tage in Ihrem Leben ein.

8. LÖSUNGEN

1. Sexualität, sportliche Aktivitäten, Initiativen, Pionierarbeiten.

2. a. Uranus im Widder im 3. Haus:
Durchsetzungsfreudige Menschen, die sich gerne streiten und lautstarke Diskussionen mitführen, die Initiativen starten auf dem Kommunikationssektor oder dort mit den neuesten Mitteln ausgerüstet sind, die sich in Wort und Schrift für ihre Interessen engagieren und kämpfen, die energievoll Reden halten und mit ihren sprachlichen und geistigen Fähigkeiten auf den Tisch schlagen und ihre Ideen durchfechten; mit denen man gut über Sex reden kann; verbal/kommunikativ kämpferische oder innovative Gruppen.

b. Uranus im Widder in Opposition zur Venus in der Waage:
Freunde und Gemeinschaften, in denen man seinen Kampfgeist und seinen Aktivitätsdrang ausleben kann, in denen neueste Projekte gestartet werden, in denen man aber dennoch auch seine harmoniebedürftige, schlichtende und ausgleichende Seite mit einfließen lassen kann. Kampf mit Kunst und Ästhetik verbunden oder Kampf für Frieden und ein liebevolles Miteinander.

c. Uranus im Krebs im 1. Haus:
Freunde und Gemeinschaften, in denen neue Familienmodelle praktiziert werden, man sich mit seiner Weiblichkeit und seinen Gefühlen durchsetzen kann; völlig neuer Umgang mit Kindererziehung, Wohnen, Ernährung und

gegenseitige Fürsorge; Kampf aus dem Bauch heraus; sehr impulsiv-emotionale Menschen, die ihre Gefühle direkt und ehrlich zeigen können.

d. Mars im Stier im Quadrat zum Uranus im Löwen:
Sehr kreative Menschen oder Gruppen, die eigenständig, selbstbewusst und vielleicht auch künstlerisch oder unternehmerisch tätig sind, die organisieren und managen können, die etwas Besonderes sind bzw. die ihre Besonderheit erfassen und zum Ausdruck bringen, ohne deshalb ihren Drang nach Sicherheit, Besitz und Finanzen außer Acht zu lassen. Sicherheitsstreben muss gleichwertig behandelt werden wie der Drang nach seinem glanzvollen Auftritt.

ÜBUNGEN B

1. Sehr überlegt, die materiellen Folgen bedenkend, mit wirtschaftlicher Kalkulation, mit einer gewissen, z.B. finanziellen Sicherheit im Rücken.

2. Geld, fest gesteckte Grenzen, ein Bollwerk an Sicherheit, Eigentum, Genussfähigkeit, Sinnlichkeit, sich den Gelüsten des Lebens hingeben.

3. a. Uranus im Stier im 4. Haus:
Menschen mit eigenen vier Wänden, bei denen man sich zuhause sicher fühlen kann, die ihre Sicherheit in sich gefunden haben; die ihr Geld im Bereich von Wohnen/Bauen, Kindern, Ernährung, Fürsorge, Psychologie, Erholung verdienen; die eine vertraute, gemütliche Atmosphäre genießen können; die Heim, Familie, Heimat helfen

abzugrenzen; die ihren Reichtum in sich gesucht und gefunden haben.

b. Uranus im Stier im 10. Haus im Quadrat zum Mond im Löwen:
Menschen und Gemeinschaften, die sehr erdverbunden sind, reich und berufsorientiert, sicherheitsstrebend und ehrgeizig, die in der Gesellschaft als reich und genussfreudig/sinnlich dastehen (wollen), die für sichere Grenzen der Gesellschaft nach außen plädieren, die zuverlässig sind und dennoch ihrem inneren Bedürfnis nach Kreativität, Selbständigkeit und Souveränität, ihrer künstlerischen Seite nachgeben, die sie eher zuhause leben; es muss eine Verbindung stattfinden zwischen der sicheren Berufswelt und dem kindlichen Bedürfnis nach Glanz und Auftritt, nach Präsentation seiner einmaligen Seite.

c. Uranus in Konjunktion zu Jupiter in den Zwillingen im 2. Haus:
Hochgeistige, gebildete, bewusste, weise und kluge Menschen, die sich zu artikulieren wissen und darin Genuss empfinden und ihre materielle Basis erwirtschaften.
Gemeinschaft für Bildungs- und Informationszwecke, Wissensvermittlung und Kommunikation, die damit auch zu Geld kommt, Sicherheit vermittelt, den Mitgliedern Eigenwert verschafft, bei der geistige Werte ganz oben anstehen.

ÜBUNGEN C

1.a. Uranus in den Zwillingen im Trigon zur Sonne in der Waage:
Lern- und Lehrgemeinschaften, Kommunikationszentren, Informationsbanken, alle Gruppen mit viel verbalem

Austausch, der gepaart sein muss mit dem Bedürfnis nach Freundlichkeit, Kultiviertheit, rücksichtsvollem Umgang, Geschmack und Stil, Modebewusstsein. In der Gemeinschaft sollte eine geistige Verbundenheit herrschen, in der auch die Waage-Selbstentfaltung Raum hat, auf ihre Kosten zu kommen.

b. Uranus in den Zwillingen im 10. Haus:
Gemeinschaften, die Information, Kommunikation und Wissen in Aufnahme und Weitergabe als ihre Berufung, ihren Ehrgeiz sehen und damit in der Öffentlichkeit stehen wollen; die harte, konzentrierte geistige oder sprachliche Arbeit leisten; die auf konservativem oder sehr gut durchstrukturiertem Gedankengut basieren; die durch Sprache und Wissen Ordnung und Stabilität schaffen wollen.

c. Uranus in Konjunktion zu Neptun im 3. Haus:
Gemeinschaften, in denen mit Sprache geheilt wird, in denen Sprache und Geist künstlerische Anwendung finden, in der geistig und sprachlich Hintergrundarbeit geleistet wird, in der alternative Informationen gesammelt und weitergeleitet werden, in der aus den üblichen Denkschablonen ausgebrochen wird, sie aufgelöst werden und neues Gedankengut entwickelt und angeboten wird, das in völlig neue Dimensionen vordringt; in der mit Phantasie und Intuition geistige Arbeit geleistet wird.

2. Gut informiert zu sein, Gesprächspartner zu haben, sich auch schriftlich darüber auszulassen, geistigen Abstand zu haben, alle Möglichkeiten von beiden Seiten betrachtet zu haben, Objektivität, Leichtigkeit, Lesestoff, Lernstoff, ein Telefon und Internetanschluss mit Flatrate.

ÜBUNGEN D

1. Gefühlsmäßige Verbundenheit, Geborgenheit, Familienstimmung, gegenseitige Fürsorge.

2. a. Uranus im Krebs im 9. Haus:
Sich einer Bildungs-, religiösen oder bewusstseinserweiternden Gruppe anschließen; seine Heimat im Ausland oder auf Reisen suchen; sich eine neue geistige Heimat suchen; Weisheit und Erkenntnis aus sich heraus schöpfen.

b. Uranus im Krebs in Opposition zur Sonne im Steinbock:
Man bricht aus seinem Gefühl, seinen emotionalen Belangen heraus aus, befragt seine spontanen Empfindungen, die inneren Regungen, und muss gleichzeitig das Bedürfnis nach einer stabilen Lebensweise berücksichtigen, bei der Festigkeit und Ausdauer höher eingestuft werden als die schwankende Gefühlswelt. Man muss den schwierigen Mittelweg finden zwischen kindlicher Ausbruchslust und erwachsener, ehrgeiziger und selbstdisziplinierter Selbstentfaltung.

c. Uranus in Konjunktion zu Jupiter im 4. Haus:
Ausbruch mit Hilfe von Bewusstseinserweiterung durch emotionale Psychologie und Arbeit mit dem inneren Kind; Studien, Weiterbildung in Psychologie, Ernährung, Entspannungsmethoden; Reisen mit vertrauten Menschen oder in den heimatlichen Gefilden; innere Reisen; positive Erwartungshaltung aus tief innen heraus.

ÜBUNGEN E

1. Individualisten, Künstler, kreative Menschen, Selbständige, Menschen mit ausgeprägtem Organisationstalent und Managementfähigkeiten; selbstbewusste Menschen, die auftreten und sich präsentieren können.

2. Eine Welt, in der Buntheit und Vielgestaltigkeit herrscht, da jeder seinen Teil, seine besondere und einmalige Weise des Menschseins einbringt; eine Welt aus einmaligen, selbstbewussten Menschen.

3.a. Uranus im Löwen im 7. Haus:
Künstlerische; Gemeinschaften, die Ästhetik und Selbstausdruck/Kreativität verbinden (schöne Künste); Unternehmen in Mode, Graphik, Design, Kosmetik; gemeinschaftliche kreative Aktivitäten.

b. Uranus im Löwen im Trigon zur Venus im Widder:
Kreative, selbständige, selbstbewusste, künstlerische, souveräne Gemeinschaften, die gleichzeitig über die Fähigkeit verfügen, aktiv, initiativ und tatkräftig zu sein und eine Vorreiterrolle in ihrem Tun zu spielen; die es auch verstehen, mit neuen Methoden Geld zu verdienen und eine materielle Basis aufzubauen.
c. Uranus in Konjunktion zu Merkur im Löwen im 1. Haus:
Gemeinschaften, die mit neuestem Wissen vorpreschen und sich durchsetzen; die sich durch geistige und sprachliche Fähigkeiten in Szene setzen; die sich mit ihrem analytischen und rationellen Geist durchsetzen, ihren geistigen Werken, die auf Erdverbundenheit und neuartigen Arbeitsmethoden beruhen; schöpferische, einzigartige Erfindungen, mit denen man neue Maßstäbe setzen kann, oder die

z.B. Körper, Sport, Sex, Fitness betreffen.

ÜBUNGEN F

1. Auf vernünftige Denkansätze, Arbeitsamkeit, analytische Fähigkeiten, Reinlichkeit, Gepflegtheit, Hygiene, nützliche Unternehmungen sollten möglich sein, ggf. gemeinsames Arbeiten.

2. a. Uranus in der Jungfrau im 4. Haus:
Analyse ihrer inneren Welt; sich Arbeit mit ihrer inneren Erkundung und der Versorgung ihres inneren Kindes machen; Psychohygiene; Aufgeräumtheit in ihrer inneren und auch äußeren Familie; gesunde Ernährung; Verbundenheit zwischen Gesundheit und innerer Verfassung erkennen.

b. Uranus in der Jungfrau im Trigon zu Jupiter im Steinbock:
Arbeitsaufwand, rationelle und strategische Überlegungen; Fähigkeit, die gegebenen Umstände für sich optimal zu nutzen, verbindet sie mit ihrem Erfolg, ihrer Erfüllung, ihrer ständigen Expansion im Beruf und der Erreichung ihrer Lebensziele und hat somit die für ihre Persönlichkeit beste Basis geschaffen, um einen Bruch mit der Vergangenheit herzustellen.

c. Uranus in Konjunktion zu Mars in der Jungfrau im 8. Haus:
Ein verbissener, arbeitsintensiver Kampfgeist; körperliche Fitness aufgrund ihres Gesundheitsbewusstseins und ihrer Leidenschaft; mutige, intensive Selbstanalyse; tatkräftige Kompromisslosigkeit verknüpft mit ihrem vernünftigen,

strategischen Denken und Handeln.

ÜBUNGEN G

1.a. Uranus in der Waage im 8. Haus:
Menschen, die sich auf intensive Beziehungen einlassen
und sich auf diese Weise tief kennenlernen; die liebesfähig
sind und ausgleichend wirken und dennoch exakt ihren
Weg gehen und auf jegliche Sicherheiten verzichten, um
ihre Ideen und Vorstellungen umzusetzen; bei denen in jeder Begegnung und Beziehung ihr Tiefgang, ihre Erotik,
ihre Totalität einfließt.

b. Uranus in der Waage im 12. Haus:
Menschen mit alternativen Beziehungsmodellen, mit ro-
mantischen, sehnsuchtsvollen Beziehungen, mit einem völlig anderen Geschmack; die sich vollkommen in einer Beziehung auflösen können; die sehr feinfühlig und sensibel
im Zusammensein mit anderen sind; mit denen man sich
künstlerisch betätigen kann.

c. Uranus in der Waage im 2. Haus im Trigon zum Mond
in den Zwillingen:
Menschen, die mit ihrem Kunstsinn, Geschmack, ihrer Fähigkeit zu Diplomatie und Harmonie ihr Geld verdienen,
ihr Sicherheitsgefühl aufbauen und sich abgrenzen, und
gleichzeitig sich gefühlvoll und verständnisvoll in Gesprächen zeigen und sich in jeder Form von Kommunikation
zuhause fühlen, die Geborgenheit mit ihrer Sprache und ihrem Wissen vermitteln.

2. Kein übliches; sie kehrt sich von der Mode aus den

Journalen rigoros ab und entwickelt ihren eigenen verrückten, ungewöhnlichen Stil, versteht unter Schönheit und Attraktivität Auffälligkeit, Buntheit, Eigenwilligkeit, Freiheit und den unkonventionellen Auftritt.

ÜBUNGEN H

1. Indem sie sich und Sachlagen vollkommen durchdringt, mit Hilfe ihrer Verbissenheit und Besessenheit; indem sie ihre Macht zeigt, auf Sicherheit verzichtet und tiefgehend und leidenschaftlich ist.

2. a. Uranus im Skorpion im 4. Haus:
Menschen, die tief in sich forschen, die durch die innere Wiederverbindung zu Macht und Selbstbestimmung gelangen, die emotionale Tiefenpsychologie betreiben, die leidenschaftlich fühlen und empfinden.

b. Uranus im Skorpion im 10. Haus:
Die berufliche Macht haben; die beruflich besessen sind und sich nicht von ihrer Linie abbringen lassen; die voller Leidenschaft ihre Lebens- und Berufsziele verfolgen und ihrem Ehrgeiz nachgeben; die Wirkung auf die Gesellschaft ausüben; die politisch tätig sind; die beruflich forschen; die Stabilität erfahren durch ihren Tiefgang und ihre Intensität.

c. Uranus in Konjunktion zu Neptun im 8. Haus:
Menschen, die sich in ihre Tiefen und Abgründe fallenlassen können; die ihr Unterbewusstsein erforschen; die ihre Träume mit Gewalt und Verbissenheit verwirklichen; die auch dazu tendieren, ihre dunkle Seite mit Heiligkeit,

Spiritualität oder Süchten zu überdecken und zu vernebeln.

ÜBUNGEN I

1. a. Uranus im Schützen im 6. Haus:
Gruppen, die Weiterbildung, Bewusstseinswachstum, Religion, Expansion, Reisen und Auslandsbeziehungen zu ihrem Arbeitsfeld gemacht haben; die mit Hilfe von Vernunft und Analyse das Bewusstsein erweitern; die eine Dienstleistung im Bildungswesen, dem Tourismus oder dem religiös-philosophischen Bereich anbieten; die ihre Erfüllung und ihren Erfolg durch Arbeit und Anpassung erwirken.

b. Uranus im Schützen im 12. Haus:
eine alternativ-religiöse oder christliche Gemeinschaft; eine Gemeinschaft, die durch Bewusstseinswachstum und Religiosität heilt und hilft; die ihre Erfüllung im Helfen, Heilen und der Kunst findet; die voller Optimismus unvernünftige, unangepasste, traumhaft anmutende Ideen umsetzt; die alternative Bildungswege verfolgt.
c. Uranus in Konjunktion zum Mond im Schützen im 3. Haus:
Gemeinschaft, die mit Wissen und Information versorgt, das weiterbildet durch Sprache und Geist, das das Bewusstsein erweitert durch verständnisvolle Gespräche oder Atemtherapie; Lehranstalt für Kinder, Psychologie, für Ernährungsweisen, Land- und Gartenbau, Entspannung, Bauen/Wohnen.

d. Uranus im Widder im 9. Haus:
Gemeinschaften, die Pionierarbeit im Bildungswesen oder zur Bewusstseinserweiterung, im Reisegewerbe oder in der Verbindung zum Ausland leisten; die

Bewusstseinswachstum durch Körperarbeit anbieten; die sich durch einen weiten Horizont und Auslandsbeziehungen durchsetzen; die religiöse Kämpfe durchfechten.

ÜBUNGEN J

1. Zuverlässigkeit, Stabilität, Ordnung, Ausdauer, Disziplin, Überwindung von Schwierigkeiten, Beschränkung auf das Wesentliche, die Essenz.

2. Eine Gesellschaft unter freien Bürgern, die deshalb ein hohes Maß an Unabhängigkeit haben, weil sie bereit sind, die volle Verantwortung für ihr Leben zu übernehmen; eine vielgestaltige, bunte Gesellschaft.

3.a. Uranus im Steinbock im 5. Haus:
Indem sie sich kreativ und selbstbewusst auf ganz bestimmte innere Fähigkeiten konzentriert und diese entfaltet; durch eine kreative, individuelle Planung und ihren ganz persönlichen Ordnungssinn dabei; durch den Halt durch Selbstverwirklichung; durch Berufe, in denen sie ihre Einzigartigkeit demonstrieren kann (z.B. Kunst); durch Selbständigkeit und unternehmerische Fähigkeiten im Beruf; durch einen gut geplanten kreativen Akt.

b. Uranus im Steinbock im 12. Haus:
Ihre Träume konkretisieren, sich für einen oder wenige entscheiden und diese/n zielstrebig realisieren, bis man zum nächsten übergeht; das Anderssein auf den Boden der Realität und in eine Form bringen; neptunische Themen zu seinem Beruf machen; Halt und Stütze in seiner unvernünftigen, unangepassten, alternativen Seite finden.

c. Uranus in Konjunktion zur Venus im Steinbock im 3. Haus:
Mit Hilfe des Aufbaus von geordneten finanziellen Verhältnissen und einer stabilen Beziehungswelt, die beide auf sprachlicher Ausdruckskraft und geistigen Fähigkeiten beruhen.

d. Uranus in Konjunktion zur Sonne im 10. Haus:
Durch Selbstverwirklichung und schöpferischen Selbstausdruck im Beruf und in der Öffentlichkeit; durch Stabilität aufgrund von Selbstbewusstsein, Kreativität und Selbstentfaltung wie auch ein stolzer Auftritt auf der Basis einer selbst geschaffenen Ordnung und der eigenen Autorität.

ÜBUNGEN K

1. Höchst rebellische, die am liebsten keinen Stein auf dem anderen lassen würde; Kampf für Emanzipation und Gleichberechtigung; Hauptsache Visionen, denen jedoch nicht unbedingt Taten folgen, da man sehr vergeistigt und abgehoben ist.

2.a. Uranus im Wassermann im 6. Haus:
Rebellen gegen jede Anpassung, Arbeit und Vernunft; oder aber Freigeister, die ihre Unabhängigkeit mittels Arbeit und Vernunft erreicht haben; Arbeitsfreundschaften; Gewerkschaftler; Menschen im Kampf für gleiche Rechte, für die Arbeiterschaft und die Abschaffung von Hierarchien am Arbeitsplatz.

b. Uranus im Wassermann im Quadrat zum Mond im Skorpion:

Menschen, die ihre ausgeprägte Freiheitsliebe, ihren Wunsch nach Distanz und Ungebundenheit mit ihrem starken Bedürfnis nach emotionaler Leidenschaft und Intensität verbinden müssen.

c. Uranus in Konjunktion zur Venus im Stier im 11. Haus: Menschen, die auf sehr unkonventionelle, unregelmäßige und freiheitliche Weise ihr Geld verdienen und viel Freiraum und Distanz in ihren Beziehungen anstreben; die Abwechslung und Aufregung in beiden Bereichen lieben und lernen müssen, ihrem Sicherheitsdrang ebenso nachzugeben wie ihrem Verlangen nach Abstand und Ausbruchsmöglichkeiten.

ÜBUNGEN L

1. Alternative, soziale, künstlerische, verträumte, unangepasste, einfühlsame, mit Naturheilweisen befasste, unauffällige, ruhige; welche, mit und in denen sie verschmelzen und ihre Grenzen aufheben kann, in denen sie sich in ihrem Anderssein verstanden fühlt.

2.a. Uranus in Konjunktion zu Neptun im 9. Haus:
Sich einer alternativen Religionsgemeinschaft anschließen; alte religiöse, philosophische oder bildungsmäßige/geistige Verbindungen auflösen und Raum für neue geistige Erkenntnisse und die Deutung des Sinns des Lebens schaffen; im Ausland verschwinden; ihre Träume mit Hilfe von Weiterbildung und Bewusstseinswachstum erfüllen; ihre Erfüllung und ihren Erfolg in ihrer unangepassten Seite suchen.

b. Uranus in den Fischen im 7. Haus:

Durch die Hingabe an einen Partner, die Verschmelzung mit ihm in Abwechslung mit Alleinphasen, um wieder in Verbindung zu sich selbst zu gelangen; durch die Gestaltung einer alternativen Partnerschaft; durch die Auflösung alter Beziehungsmuster; sich seine Sehnsüchte in der Partnerschaft durch entsprechendes eigenes "traumhaftes" Verhalten erfüllen; durch die Abkehr von offiziellen Schönheitsauflagen.

c. Uranus in den Fischen im Trigon zur Sonne im Skorpion: Auflösungen, sanftes Loslassen, Weiterfließen in Kombination mit der leidenschaftlichen, zu allem bereiten Sonne, mit der totalen, echten Selbstentfaltung ohne Rücksicht auf Verluste.

d. Uranus im Krebs im 12. Haus:
sein altes Bild von Familie und mütterlicher Weiblichkeit auflösen und ein eigenes in sich auftauchen lassen; biologische Ernährungsweise, baubiologisches Wohnen als äußere Unterstützungen; sich um sein sehnsuchtsvolles, verträumtes inneres Kind kümmern, ihm eine Spielwiese an Ungestörtheit, Ruhe, Alleinsein, unangepassten Spielsachen bieten.

ÜBER DIE AUTORIN

Beate Helm ist Heilpraktikerin und hat über 30 Jahre Erfahrung mit psychologischer Astrologie, feinstofflichen Heilweisen, Körper- und Energiearbeit und Meditation. Sie hat in ihrer Arbeit schon früh Methoden der systemischen Kurzzeittherapie und Horoskopaufstellungen eingesetzt. Ihr fundiertes Wissen hat sie in der vorliegenden Astrologie-Ausbildung strukturiert, spannend und gut verständlich zusammengefasst - für neugierige Laien und für erfahrene Astrologiebegeisterte, die ihre Methoden der astrologischen Arbeit erweitern möchten.

Weitere Publikationen im Satya-Verlag: Astrotherapie * Das Weib im Horoskop – Lilith und die Asteroiden * Astrologie und Meditation * Horoskope deuten * Das Mädchen Namenlos - Ein spirituelles Märchen * Bach-Blüten und Bewusstseinsarbeit * Kalifornische Blüten und Bewusstseinsarbeit * Bach-Blüten und kalifornische Blüten von A-Z – Kompendium * Was Sie schon immer über Astrologie wissen wollten.

Weitere Infos: www.satya-verlag.de